HARALD BECKER
EIN MALER ZWISCHEN DEN WELTEN

HARALD BECKER
EIN MALER ZWISCHEN DEN WELTEN

HUGO VON KEYSERLINGK

Wachholtz

Die Monografie „Harald Becker - ein Maler zwischen den Welten"
erscheint im Auftrag des
„Kunststipendium in der Ostseevilla ARTique"

von Antenne Mecklenburg-Vorpommern und ScanHaus Marlow.

Alle Rechte der Verbreitung, auch durch Film, Funk und Fernsehen,
fotomechanische Wiedergabe, Ton- und Bildträger jeder Art,
auszugsweisen Nachdruck oder Einspeicherung und Rückgewinnung
in Datenverarbeitungsanlagen aller Art, sind vorbehalten.

ISBN: 978-3-529-02799-4

© 2008 Wachholtz Verlag, Neumünster

STATT EINES VORWORTES
Begegnung mit Harald Becker – ein Brief

Wir begegneten uns im Sommer 1992 nach umständlichen Nachforschungen meinerseits. Ich hatte dein Porträt von Herrn Stölmacker im Kabelwerk gesehen und wollte den Maler, den Menschen, kennen lernen, der das Bild geschaffen hat. Ein Telefon hattest du nicht, so dass die Verabredungen mit Brief und Gegenbrief schriftlich getroffen werden mussten. Wir begegneten uns auf dem Hof deines Hauses. Zwei Menschen, die nicht unterschiedlicher sein konnten, du Harald Becker, der erfolgreiche Maler, der den Kontakt zu unbekannten Menschen eher mied und das Eindringen in seine Privatsphäre, dem Atelier, verweigerte. Ich, am Ende meiner Laufbahn, als Manager bei einer großen Firma, von Herkunft Naturwissenschaftler, kontaktfreudig und neugierig auf Begegnungen mit interessanten Menschen und jungen Künstlern, trafen sich. Das Wunderbare geschah bei der ersten Begegnung und sprang wie der Funke des Erkennens eines gleichwertigen Komplements über. Wir wurden Freunde. In den nächsten Jahren gab es Reisen nach Klein Thurow und München. Wir diskutieren nächtelang über Kunst, ihre Bedeutung für unser Leben und den Wandel der menschlichen Gesellschaft. Im Spannungsfeld einer Diskussion sind neue Erkenntnisse möglich. Am Ende war eine nicht vollständige Übereinstimmung in den Ansichten, trotzdem kamen wir einen Schritt weiter in der Betrachtung unserer Gesellschaft und der Bedeutung der Kunst für sie. Ich war und bin für dich der Übersetzer und Deuter der Paradigmen, mit denen der Ostteil Deutschlands nach der Wiedervereinigung konfrontiert wurde und bei dir zu traumatischen Erlebnissen führte. Die Begegnung mit westlichen Wertvorstellungen und die sich daraus ergebenden Auswüchse unserer Konsumgesellschaft, vor allem eine andere Kunstszene, geprägt durch Galerien, die einem Maler, einem Künstler deiner Qualitäten keine Chancen geben, führten zu einem Sich-Versagen von der Öffentlichkeit. Mein Bemühen, dich bekannt zu machen war nicht erfolgreich. Trotz Vernissagen in meinem Haus in München vor Freunden und Bekannten anlässlich deiner Ausführungen „Über das Sehen in der Kunst" oder bei Galeriebesuchen, bei denen Ausstellungen verabredet wurden, gelang es nicht, dich über den Grad eines Geheimtipps hinaus bekannt zu machen; ganz zu schweigen von einer finanziellen Unabhängigkeit, die damit verbunden gewesen wäre. Es gab Aufträge von Freunden und vor allem von mir der verschiedensten Art. Erwähnenswert sind hierbei ein Triptychon als Hommage an einen Freund, mehrere Porträts und Aktbilder, Landschafts- und Stadtansichten. Deine Gemälde sind verstörend tief, und erschließen sich dem Betrachter erst nach intensiver Auseinandersetzung mit dem Inhalt und der Komposition. Das lachende Gelb der Rapsfelder oder das schweigende Blau der Phaseliahügel zerfließen zu einem Vexierbild und geben die zweite Ebene des Bildes frei. Wir haben über die Frage, wann ein Gemälde fertig ist, diskutiert. Du strebtest einen nicht zu erreichenden Vollkommenheitsgrad an und warst nicht einverstanden, wenn die Gemälde das Atelier verlassen mussten. Es gelang mir auch nicht, den Tod eines Bildes zu verhindern, wenn deinem kritischen Urteil das Objekt nicht entsprach. Mit der These, dass Menschen unvollkommen sind und demzufolge keine vollkommenen Kunstwerke schaffen können, bist du nicht einverstanden. Du neigtest eher zu der Aussage, ein Genie macht weniger Fehler, und da muss ich dir Recht geben, du bist genial und hast ein hohes Maß an Vollkommenheit erreicht.

Vor Jahren fingst du an, dich mit dem Medium Fotografie zu befassen und bist schnell zu der Erkenntnis gekommen, dass die Analog-Fotografie mit dem hohen Grad der technischen Möglichkeiten deinen Ansprüchen genügen wird. Ich habe es zutiefst bedauert, dass ein so begnadeter Maler sich mit all seiner Fähigkeit und Leidenschaft diesem Medium hingibt. Meine Einwände und Bedenken blieben ungehört, zu Recht. Die Vorstellungen von einem Kunstwerk konntest du in deinen Fotografien verwirklichen. Du bist heute ein genialer Fotograf, der seinen Platz in der Kunstszene erhalten wird.

Die Begegnung mit dir war und ist ein Geben und Nehmen in der vollkommensten Weise. Ich konnte teilnehmen am Schöpfungsakt an der Euphorie beim Werden, bei den Zweifeln und dem Misslingen. Ich war die erste kritische Instanz, die zu einer veränderten Sicht führte und die Einbettung in das Gesamtwerk nachhaltig beeinflusste. Ich bin dankbar für diese Begegnung, die viele Jahre währt. Sie hat mein Leben außerordentlich bereichert.

Wolfgang Buchholz

Ziele

Das Ziel dieses Buches ist es, die in Deutschland und im Ausland verstreuten Bilder des Malers und Fotografen Harald Becker in repräsentativer Form erstmals einer breiteren Öffentlichkeit bekannt zu machen. Bis auf den von Herrn Wolfgang Buchholz aus München im Selbstverlag in kleiner Auflage herausgegebenen Bildband „Harald Becker Gemälde 1977-1994" mit 22 Abbildungen, ist bisher ein solcher Versuch nicht unternommen worden. Ich stellte mir die Aufgabe, Harald Beckers Gemälde, Fotografien, Ansichten, Gedanken und Reflexionen wiederzugeben. Dazu verwendete ich Interviews, die ich seit Februar 2007 mit ihm in seinem Haus in Klein Thurow führte. Die im Buch wiedergegebenen Interviews stellen einen kleinen Teil der Aufzeichnungen dar. Sie erfuhren durch mich eine inhaltliche Ordnung und wurden teilweise stilistisch überarbeitet. Der größte Teil wurde „unverfälscht" wiedergegeben.

Briefe an seine Frau, Herrn Buchholz und mich fanden Eingang in den Text. Darüber hinaus stellte mir Harald Becker Aufzeichnungen zur Verfügung, die er teils für Vorträge und für ein Buch vor Jahren erarbeitet hatte. Diese im Text innerhalb der separierten Kästen wiedergegebenen Äußerungen habe ich mit dem Begriff Philosophie überschrieben. Ich meine damit nicht die allgemeine Wortbedeutung für die Philosophie, die sie als Wissenschaft beschreibt, die sich um die Welterkenntnis bemüht, sondern ich benutze das Wort in seiner ursprünglichen griechischen Bedeutung von φίλος der Freund und σοφία, die Weisheit, Harald Becker ein φίλο-σοφος, ein nach Weisheit und Erkenntnis Strebender, ein Freund einer einheitlichen, logisch-widerspruchslosen, den Forderungen des konzentrierten Denkens, der Fantasie, des Gemütes, der Sehnsucht gerecht werdender Lebensanschauung. Harald Becker bezeichnete diese Einschiebungen als „Denkkästen", die nach seiner Meinung wiedergeben, dass neben den lustvollen Gefühlen das konzentrierte In-sich-Rumgraben zum Künstlertum gehört.

Harald Becker stand meinem Unterfangen von Anfang an offen gegenüber. Das hielt ihn nicht davon ab, sein Misstrauen und seine Angst vor Verletzung zu bekunden. Nach kurzer Zeit überwand er seine Zweifel und gab seine Zurückhaltung auf.

Erstmalig sollte in dieser Publikation ein Teil seines umfangreichen fotografischen Werke dokumentiert werden, wofür ihm bisher eine größere öffentliche Anerkennung versagt blieb. Die Besitzer seiner Bilder nehmen das fotografische Oeuvre nicht zur Kenntnis. Sie stellen die nachvollziehbare, ihn schwer verletzende Frage: „Malst du wieder?" und dies angesichts zahlloser großformatiger Fotografien in seinem Kaminzimmer.

Eine fundierte, exakt kunstwissenschaftliche Analyse und Einordnung des Schaffens von Harald Becker kann ich nicht leisten, werde aber Kunstwissenschaftler zitieren, die vor längerer Zeit über ihn publiziert haben. Eine endgültige Wertbestimmung und Platzierung innerhalb der Kunstgeschichte kann erst durch spätere Generationen vorgenommen werden. Die bodenständige, tiefgründige, nicht auf den ersten Blick entschlüsselbare Kunst von Harald Becker kann in einer Zeit, wo die Kunst zum Gesellschaftsspiel verkommen ist und auf Partys und Events zelebriert wird, nicht zur Geltung kommen. Die Zugeständnisse der Kunst der Gegenwart an den sogenannten Zeitgeist führen zu einer austauschbaren Flachware und zu permanent monotonen Trophäen für Haus, Heim und Garten. Dazu passend stellt der heute siebzigjährige Romanist und Kunsthistoriker Werner Spies fest, dass erst durch den Zusammenbruch des Kunstmarktes etwas Neues ausgelöst werden kann, und dass es dann eine Periode der Reinigung geben wird, die mit der Illusion, dass die Kunst heutzutage richtig populär sei und Menschen ansprechen würde, aufräumt. Erst muss das Kartenhaus des heutigen Kunstbetriebes zusammenstürzen, in dem es um den Kult enormer Geldmengen geht, die der ästhetisch-globalisierte Weltkonzern bindet. Nach einer Neubewertung werden die echten Künstler und Harald Becker aufatmen können und eine Renaissance erleben.

Letztendlich gehört Harald Becker zu denjenigen Künstlern, die ihre Kunst aus inneren Beweggründen, aus Idealismus betreiben und nicht zu Kompromissen bereit sind, den Mainstream zu bedienen, in dem er seine Ideale über Bord wirft. Aus diesem Grunde wird er sich zurzeit nicht gesellschaftlich etablieren können und die Allgemeinheit wird ihm jede Chance zur Anerkennung verwehren.

Einsichten

Ich musste mich den expressiv gemalten Bildern von Harald Becker wie einer unangenehmen Wahrheit gegen Widerstand nähern. Ich ließ mich auf sie ein und wurde gefangen. Die Bilder wurden besser und es blieb ein unaufgeklärter, durch hohe Symbolkraft gekennzeichneter Rest. Ich halte Harald Becker, wie Herrn Buchholz für einen genialen Maler und Fotografen, der bisher der ewige Geheimtipp blieb. Seit über sieben Jahr arbeitet er im Verborgenen seines Fotoateliers und seiner Dunkelkammer wie ein Hexenmeister mit Gold und Platin in seinen Entwicklerflüssigkeiten.

Die Einrichtung und Ausstattung seines Fotoateliers und seiner Dunkelkammer sowie sein umfangreiches Wissen über die Theorie und Praxis der Fotografie versetzten mich in Erstaunen. Voller Achtung und Bewunderung hörte ich, wie er seine Modelle auf die Umsetzung seiner Bildideen einstimmt und zu Konzentration und Ausdauer beflügelt.

Er hält sich von der Öffentlichkeit fern; verbissen, kompromisslos, gegen die schnell vergehende Zeit ankämpfend, sucht er das Medium Fotografie, die kalte Wiederspiegelung, mit bildkünstlerischen Mitteln zu beherrschen. Wendet er sich dem Naturalismus der Fotografie zu, weil ihm in der Malerei der Gegenstand, das Mittelalter, wie er es nennt, nach der politischen Wende abhanden gekommen ist? Blieb ihm als Ausweg das abstrakte Bild übrig? Will er alles Gewesene hinter sich lassen? Will er mit der Fotografie endgültig das Abbild des Menschen, der Jugend und der Schönheit klar und rein, die Wahrheit offenbarend für sich bannen. Ein gigantischer faustischer Kampf, dem Goethe-Faust nicht unähnlich. Ich lese den Anfangsmonolog im ersten Teil des „Faust" und kann Harald Becker besser verstehen. Mir drängen sich Fragen auf. Wie hält er das aus? Woher nimmt er die Kräfte und die Gewissheit? Wird er daran zerbrechen? Ich glaube nicht. Er wird keinen Pakt mit dem Teufel schließen. Zutrauen würde ich es ihm, er hat eigene Kräfte. Er ist elementar kompromisslos, verweigert die Anpassung, hält dagegen, bleibt sich treu, das Gegenteil als die Wahrheit ansehend, erbarmungslos und vernichtend in seiner Kritik, als hätte er Existenzberechtigungsscheine in seiner Tasche. Das klingt hart. Das ist es. Seine Menschlichkeit hält ihn zurück und seine Höflichkeit, seine Ehrlichkeit und eine Art der Wahrnehmungskraft die grenzenlos ohne Gnade ins Herz trifft. Schmerzend, weil überscharf, nimmt er seine Umwelt wahr. Er sieht im Hier und Jetzt auf das was ist und nicht wie andere, die das sehen, was ihnen aus dem Kopf fällt und es dann für die Realität halten. Der Gedanke, Harald Becker für einen total Verrückten, einen Spinner zu halten, ist falsch. Er ist ein total Normaler mit der Einfalt seiner Gesinnung, der Unabhängigkeit seines Denkens, seiner Einfühlsamkeit und der Energie seiner Konsequenz. Anormal, weil entgegen jeglicher Spekulation. Abhold der Hysterie, damit Gegenpol zur Zeit. Gleichzeitig wird er durch sie angezogen. Hier das Verworfene, dort das Reine. Hier die Schluchten der Städte Halle, Berlin, München und dort Mecklenburg, die Weite des Horizonts. Der Mensch wird auf seine wahre Größe reduziert.

Mein Wunsch ist es, all das nachvollziehbar und erlebbar zu machen durch die im Buch wiedergegebenen Bilder, Fotografien und Selbstzeugnisse zu seinem Lebensweg und seiner Kunst, um mit dem Geschaffenen in Resonanz treten zu können. Das ist nicht einfach und erschließt sich nicht auf einen ersten kurzen Blick. Der Betrachter muss die Konzentration des Bildes auflösen, ebenso wie Harald Becker sich mit Hilfe seiner dynamischen Intelligenz bemüht, seinem schöpferischen Instinkt theoretisch nachzufolgen, zu dechiffrieren.

Zwischen den Werken und den Bekenntnissen des Künstlers besteht eine Einheit, weil sie die gleichen Quellen und Antriebskräfte haben. Er kennt keine Umwege, weder beim Malen noch beim Denken. Gleichermaßen ist er in der Lage, sich auf eine so hohe Konzentrationsstufe und Abstraktionshöhe zu bringen, dass er Wesentliches vom Unwesentlichen trennen kann. Ein unbändiger Kraftstrom entfaltet sich aus seinen Bildern. Er schafft alles von innen, malt durch die Realität durch, nicht von außen drauf, so willensstark, so konsequent und kühn.

Philosophie

Der Antrieb ist die Sehnsucht, die nach Liebe, Vollkommenheit und Wahrheit strebende Kraft, und die Basis für den Traum davon. Sie weckt sich durch die Freigabe der durch vielerlei Ängste, Zwänge und Sentimentalitäten gefangen gehaltenen Gefühle, und wird zum Anstoß für den eigenen Fortschritt. Die sentimentalen Sichten auf Gewesenes sind die Erinnerungen an frühere Sehnsüchte. Sie filtern die Wirklichkeit aus, wenn man in ihnen verharrt, und reduzieren als unvollständige Replik die Kraft für den Weg zur Erfüllung. Verführerische, lichte Buntheiten bedienen die bequeme Vorstellung von einer schönen Welt. Das Aufnehmen des reproduzierten, früheren Sehens in die eigene Wirklichkeit vermeidet ein anderes, irriges Streben zum idealisierten Ich. So wird der Friedensschluss mit sich im Ganzen die Voraussetzung zur Nutzbarmachung der Werkzeuge des Selbst und zum möglichen Ich. Mit diesen aus früherem Sehen verschmolzenen Bildern, produzieren sich Blicke mit der Gültigkeit über den Tod hinaus. Wenn die Höchste aller Möglichkeiten erreicht ist, das Bildgewordene, nicht entschlüsselbare Geheimnis der Harmonie, ist der Augenblick der Vollkommenheit erreicht, das Fest der Sehnsüchte. Der künstlerische Vortrag übernimmt die eigenen Qualen des Unerreichbaren und bildet hieraus ein mögliches Ideal. Das vereinigt in ausgeglichener Art Schönheit und Verlangen.

Es ist über die Kunst erreichbar, welche auf geistiger Ebene die schönsten Augenblicke des Lebens, die der körperlichen Liebe reproduziert. Das Schöne ist die eigene Melodie, die als Bild in Stein oder Holz klingt, in Lichtern und Düften, auf der Haut oder in Gedanken. Und in den universellen Widerspiegelungen des Selbst zeigt es sich als Versprechen, sich duplizieren zu können.

Harald Becker

Fahrt zu Harald Becker

Nachdem ich zu dem Buchvorhaben das Einverständnis von Harald Becker erhalten hatte, machte ich mich im Januar 2007 mit gemischten Gefühlen, erstmalig nach langer Zeit, auf den Weg zu ihm. Ich verspürte mehr unbewusst gleichzeitig eine freudige Erregung und ein Missbehagen. Ich war mir nicht sicher, ob und wie ich mit ihm das Buch verwirklichen konnte.

Zu meiner ambivalenten Stimmung passte das Wetter. Ein Schönwettertag war vergangen und jetzt überquerte ein Tief Norddeutschland. Als ich das Haus verließ, erfasste mich der Sturm, und Regenschauer schlugen mir ins Gesicht. Tiefliegende dunkle Wolken trieben über das Land. Sie machten mich melancholisch. Dazu kam diese seltsame irritierende Anmutung, dass mitten im Januar etwas in der Luft lag, das nach Frühling roch, diese charakteristische Mischung von energischen und milden hoffnungsvollen Wehen. Die botanischen Krokusse standen in voller Blüte und von den Bäumen hörte ich den frühlingsverkündenden Gesang der Kohlmeisen. Waren das noch die Folgen der Meeresströmungen und Winde, der Hochs und Tiefs der Meteorologen oder ein Symptom der Klimaänderung? Meine Stimmung besserte sich in der wohligen Geborgenheit meines Wagens. Ich bog aus unserem Grundstück auf die neue Asphaltstraße ein, die im Wald mit Ästen und abgerissenen Zweigen übersät war. Das Wasser sammelte sich in großen Pfützen und bremste meine Fahrt.

Tiefes Mecklenburg, Klein Thurow, ein Dörfchen in der Nähe von Gadebusch, die Ostsee und die ehemalige Zonengrenze sind nicht weit. Harald Beckers Wohnsitz im Landkreis Nordwestmecklenburg. Er lebt von mir 30 km entfernt. Ich fuhr über Lützow und Gadebusch nach Roggendorf, das ich trotz der widrigen Umstände schnell erreichte. An mir vorbei huschte das leere mit Gras bewachsenen Storchennest, das Ankündigungsschild für das „Landhotel Hänsel", in dem wir mit unseren Familien so manches Mal gemeinsam gegessen und getrunken hatten. Links an der Straße flatterten die zerfetzten Fahnen vor der Grillbude. Harald lobte die Bockwürste, die er dort während seiner Motorradzeit verspeiste. Ebenso wie der Grill lag die alte Molkerei trostlos verlassen im Regen. Surreal die grünen Thermofenster in der alten Ziegelsteinwand mit dem ovalen Schild „Dart-Sportbar".

Wegen der nahen Grenze zum Westen gab es hier zu DDR-Zeiten durch Soldaten der Nationalen Volksarmee erste Kontrollen. Man wurde gefragt wo man hin will und was man dort zu tun habe. Erst dann durfte man passieren. Heute war die Straße leer und verwaist. Am Ortsausgang den Berg hinauf zwischen den durch Entastung verunstalteten Kastanien, glänzte ein breiter asphaltierter Radweg, und ich sah die Anhöhe des Hellberges mit seiner ehemaligen Horchanlage gen Westen. Ich erreichte den Ortsteil Breesen Chaussee und verließ die nach Ratzeburg führende B 208 und bog in einen unbefestigten Weg ein. Ein grüner Wegweiser mit weißer Schrift wies mich darauf hin, dass ich Klein Thurow nach einem Kilometer erreichen würde. Zwei weitere Hinweistafeln zeigten an, dass der Milchweg, so hieß der Feldweg an dem Harald wohnte, eine Sackgasse ist und keine Wendemöglichkeit besteht. Während ich auf dem glitschigen mit Wasserlachen und Fahrspuren versehenen Weg hin und herschlidderte, musste ich noch über das Schild „Sackgasse", das ich so prominent noch nie wahrgenommen hatte, nachdenken.

Warum wohnte Harald am Ende einer Sackgasse? War er dahinten gefangen, blockiert, von der übrigen Welt geschützt und abgeschottet? Ich hatte mich weit von der festen Straße entfernt und erstaunte, dass ich hier am Ende des Weges, wo früher die Grenzer im Graben mit ihren Schäferhunden rauchend auf eventuelle Republikflüchtige lauerten, auf grotesk verstümmelte Bäume traf. Harald hatte sie vor vielen Jahren zum Unwillen der Lokalpolitiker gepflanzt. Umweltschutz gab es noch nicht im Kreis Gadebusch. Die neuen „Nachwendebäume" zwischen ihren hellen Holzbefestigungen lehnte Harald als Alibibäume ab. Seine Bäume sägten hier in der Einöde „Ein-Euro-Jobber" aus. Mit großem Groll und Verachtung beobachtete er dieses und wie er meinte, sinnlose und geldverschwendende Treiben, das von mehreren Leuten des Umweltschutzes und des Gemeinderates begutachtet wurde.

Ich passierte eine niedrige bemooste Steinmauer, dickes Brombeergestrüch, rutschte um eine nach rechts abbiegende Kurve und hatte Gottlob endlich das Ende des Weges erreicht. Meinen Wagen parkte ich vor einer leeren Garage, deren Türflügel durch den Sturm heftig aneinander schlugen. Haralds Ehefrau Heike hatte noch tief in der Nacht das Haus verlassen, um zu ihrer Arbeitsstelle in eine Lübecker Marzipanfabrik zu gelangen. Der Sturm nahm noch zu und der Himmel verfinsterte sich. Ich stieg aus und schaute zum hölzernen Gartentor. Zwei Nebelkrähen krächzten von den großen Eschen ihr tiefes „kraah, kraah", und da hörte ich das Bellen der beiden Beckerschen Hunde, eines altersschwachen schwarzen Mischling mit der Eigenschaft sich zwischen die Beine zu drängen, um von hinten in die Waden zu beißen. Der andere, ein Rauhaarteckel, der Liebling von Heike Becker, zeigte sich unterwürfig, schmiss sich auf den Rücken, sprang hoch und versuchte die Hände abzuschlecken.

Dann kam mir Harald Becker leicht gebeugt mit sicheren Schritten entgegen, dick angezogen mit zwei

Pullovern und einem blau-weiß karierten Wollhemd. Der Anblick war mir vertraut, trotzdem erschrak ich. Er hatte abgenommen und sein Gesichtsausdruck ließ Anspannung und Müdigkeit erkennen. Herzlich begrüßte er mich mit einer Umarmung, indem er mich kräftig an seinen Brustkorb zog, so dass ich Angst um meine Brille bekam. Gegenüber den Hunden zeigte er sich streng und versuchte sie von mir abzuhalten. Wir gingen auf das mit roten Ziegeln bedeckte Haus zu, das vom Efeu eingesponnen war. Mit seiner Wuchskraft eroberte er das Innere des Hauses. Er zwängte sich durch das Mauerwerk. Harald resignierte und ließ ihn gewähren. Hinter dem Haus wies er auf einen großen Eschenast, den der Sturm abgerissen hatte. Die Telefonleitung blieb unbeschädigt. Wir betraten über drei Steinstufen, Harald höflich mir den Vortritt lassend, den Flur des Hauses mit dem alten Schwalbennest vom Vorjahr an der Wand. Die im Hausflur brütenden Schwalben bildeten für Beckers jedes Jahr erneut eine Herausforderung, um die Aufzucht der jungen Schwalben nicht durch das zufällige Verschließen der Haustür zu gefährden. Wir gingen in das gleich rechts vom Flur erreichbare große Zimmer, das Harald Ende der achtziger Jahre zu seinem Atelier ausbaute und später mit einem großen Kamin versah. Mit einem angenehmen Gefühl trat ich in den mir so viele Jahre vertrauten großen Raum. Er wirkte auf mich wie ein Salon oder ein kleiner Festsaal mit einem ovalen Holztisch vor einem grünen Sofa mit geschwungener Lehne. Neben der Tür befanden sich von Harald selbst gebaute Möbel, ein Sekretär und ein kleinerer quadratischer Tisch mit Schachbrettintarsien. Neben dem Kamin hingen links und rechts zwei Akte. Die Stirnseite des Zimmers bedeckten in drei Reihen großformatige Fotografien in kunstvollen, selbstgefertigten schwarzen und goldenen Rahmen. In der Mitte der oberen Reihe ein weiblicher Akt mit breit ausgestreckten Armen im Querformat, wie ein über allen fliegender Vogel. Direkt darunter ein strenges ernstes Selbstporträt, eingerahmt von zwei großen Akten und zwei kleineren Porträts. Insgesamt sind es elf Bilder und sein Selbstporträt.

Die Interviews

Wir setzten uns in die flachen breiten roten Plüschsessel mit Beinen wie Löwentatzen und tranken Tee. Harald steckte sich eine Zigarette an. Er war nicht rasiert. Die Bartstoppeln schwarz-grau, die Haare struppig und bis in die Mitte der Stirn klebend. Unter den Augen konnte ich dunkle Ringe erkennen. Er wirkte erschöpft. Bei dem Anblick seines Gesichtes mit der ovalen Brille, den tiefen Nasolabialfalten und den leicht hängenden Wangen, dachte ich an eine traurige Eule. Harald litt unter der Welt. Er bedauerte die schnell verstreichende Zeit und das langsame Vorwärtskommen mit seinen Fotografien. Während des Gesprächs beobachtete ich seinen Körper. Seine Knie waren nicht mehr angezogen, seine Füße standen fest auf dem Boden, der Rücken war gerade, der Oberkörper leicht nach vorne gebeugt. Sein Körper spannte sich. Harald redete und redete über seine aktuellen fotografischen Arbeiten, über die Technik des Tonens, über Goldchlorid, Borax und Platinlösungen. Zwischendurch erklärte er mir den Rahmenbau in seiner Kompliziertheit und in all seinen Feinheiten.

Während ich unter Spannung geriet, wurde er zunehmend lockerer. Er lehnte sich zurück, stützte seine Hand mit zwei Fingern am Kopf, massierte sich Nasenwurzel und Augenbrauen. Er schloss die Augen oder blickte beim Sprechen in die Ferne. Wichtigen Teilen seiner Rede gab er durch ein Heben des Unterarmes und ein Zurückwerfen des Kopfes ein höheres Gewicht. Seine Mimik und Gestik belebte sich, sein Kopf rötete sich. Er sprach lange und wirkte viel jünger. Er genoss sichtlich die Erinnerungen, die vor sein geistiges Auge traten. Mit verschränkten Händen lagerte er seine Arme auf dem unteren Teil seines Brustkorbes. Dann brach er seine Rede ab und stöhnte. Er dachte nach und ich hörte das Tschilpen der Spatzen vom Hof und das glasig-brummende Geräusch des Ölradiators im Zimmer. Artikuliert, ausgeformt bildete er seine Sätze und bei einem, seiner Meinung nach, gut gelungenem Satzabschluss ertönte sein perlendes glucksendes Lachen, dem ich mich nicht entziehen konnte.

Harald Becker vor Slowakischer Landschaft

AUFNAHMETECHNIK
»Du hast das Ding schon laufen?«

Schließlich legte ich mein kleines digitales Diktiergerät auf den Tisch und schaltete es ein. Verräterisch leuchtete ein winzig kleines rotes Lämpchen. Harald sah es, erschrak und sagte: "Du hast das Ding schon laufen, weil es rot leuchtet". Ihm wurde sichtlich unwohl, sein Redestrom verebbte und Sprachlosigkeit ergriff ihn. Eben fühlte er sich noch frei und ungezwungen, das rote Lämpchen gemahnte ihn, dass eine Aufgabe auf ihn wartete. Nach einem mühsam verzweifelt herausgepressten „Wie fange ich an?", begann er eine kurze Geschichte aus DDR-Zeiten in Form einer Parabel zu erzählen. Er berichtete von einem „wohlwollenden Staatssicherheitsdienstbeauftragten", der ihn in seinem Malzirkel kontrollieren sollte. Dieser gab ihm den Rat, dass er bei öffentlichen Auftritten statt sofort ins Fettnäpfchen zu treten, erst mit etwas Positivem beginnen sollte, um dann später seine Kritik anzubringen. Wenn er diesem Ratschlag in der jetzigen Situation Folge leistete, würde das für ihn bedeuten, „ erst mit Sonnenschein und süßem Nebel und Dunst zu beginnen". Mit einem „Kann ich nicht", schloss er die Erzählung, um logisch fortzusetzen, dass ich selbst es gewesen sei, der vor ihm erklärt hätte, dass er früher zunächst über diesen und jenen gemeckert hätte und dass dieses Handeln unserer langjährigen Freundschaft nicht geschadet hätte und dass es aus diesem Grunde nicht schlecht gewesen sein musste, sich zunächst kritisch zu äußern. Im Verlauf der Interviews wiederholte Harald sein Unbehagen in das Mikrofon zu sprechen;

„Lass mich etwas zu deinem Tonband sagen. Mein seliger Lehrmeister Willi Wulf, der von mir sagte, nach dem ich zum dritten Mal rausgeflogen war und klagend meinen Eltern vortrug, dass ich abschwöre und besser werde. Der sagte: ‚De Aas, der alles kann und alles macht, nur nicht was er soll'. Damit hat er herausgefunden, was mich ausmacht und bewegt. Was man tun soll und es dann nicht macht, das hat mit Freiheit zu tun. Von dem Moment an, wo dort an deinem Gerät die rote Lampe leuchtet, stehe ich eben unter diesem Druck des Verlustes an Freiheit. Nach meinem Verständnis ist Freiheit, sich mit seiner eigenen Unzulänglichkeit auseinander zusetzen und nicht mit dem was man kann. Die Auseinandersetzung mit dem was man kann, ist der Leistungsgesellschaft entsprechend irreführend."

Von dem Moment an wo ich mit dem umgehen muss was ich habe und bin, werde ich reduziert. Man ist wenig und hat nicht viel. Ich stehe unter dem großen Zwang zu lügen. Das wird der Grund sein, warum ich, wenn die rote Lampe leuchtet ins Stocken komme. Das wollte ich noch entschuldigend unterbringen."

TITELSUCHE
»Ohne Dramatik ist keine Schönheit bildhaft zu erreichen«

Harald Becker entwickelte bei der Titelsuche für das Buch bis kurz vor Drucklegung ständig neue Ideen, die von seiner großen Fantasie, seinem köstlichen und originellen Witz und seiner Introspektionsfähigkeit zeugten. Eines Tages hielt er hell auflachend eine Fotografie in der Hand. Auf der war er mit Wollpullover und Filzstiefeln in seiner Meetzener Wohnung zu sehen. Die Aufnahme diente einem Katalog für eine Berliner Ausstellung, auf der der damalige Vorsitzende der DDR-Jugendorganisation Freie Deutsche Jugend

Harald Becker 1978 in seinem Haus in Meetzen

(FDJ), Egon Krenz, den Wunsch äußerte, den aus der Arbeiterklasse stammenden Jungkünstler zu sehen und zu sprechen. Harald Becker kommentierte das Lichtbild mit dem Hinweis, dass er mit dieser Kleiderordnung seinem Elternhaus entkommen wollte, in Wirklichkeit eine »kopfstehende Kleinbürgerlichkeit« zeigte. „Ein verkleideter Naturbursche", kein schlechter Titel" und er schloss an, dass er nicht anders handeln könnte. »Würde ich den Bildungsweg gehen, tue ich aber nicht, ich gehe intuitiv, um der Stickigkeit und dem Mutterschleim zu entkommen, bis ich mich zur kleinbürgerlichen Gemütlichkeit bekennen kann. Ich habe außer mir selbst nichts Großes vollbracht. Es gibt keine Aphorismen.«

Harald Becker gelobte, mehr Leidenschaft bei den Gesprächen zu entwickeln. Als Folge der Veröffentlichung des Buches würden Andere kommen und einen kritischen Blick auf sein Tun werfen, so dass sich bei ihm Zweifel entwickelten. Er meinte, jetzt würde es ernst werden.

»Ich habe noch einen Arbeitstitel. Er ist so blöd und süßlich, ,Beckers Liebeleien'. Was ich dir mit den Fotos versucht habe zu erklären war, dass man die große Liebe und Harmonie anstrebt, in Wirklichkeit sind es Liebeleien. Ein schwulstiger Hausfrauentitel – ich nannte es Resonanz. Mit sich in Resonanz treten. Die größte Liebe ist man selbst, selbst die begehrteste Person ist man selbst. Kunst ist nichts anderes als eine Liebelei. Wenn ein Großmeister feststellt, das ist mein größtes Werk, dann würde er sich selbst aufgeben müssen. Schönheit ist gleich Leid, umgekehrt: es gibt kein Leid ohne Schönheit. Schönheit ist Leid, weil Schönheit Geist ist und Geist ist nur über Leid zu erreichen. Ein positives Erlebnis bringt keine Erfahrung. Ohne Dramatik ist keine Schönheit bildhaft zu erreichen.«

MECKLENBURG
Intermezzo in Beckers Landschaft

Naturbeschreibung

Auf Schusters Rappen? Bitte. Ich habe das ausprobiert in umgekehrter Richtung von Rhena nach Gadebusch, aber macht nichts. Jedenfalls hat man vom Jensenberg einen trefflichen Blick über den kleinen Neddersee, der von der Radegast durchflossen wird. Gleich bei Neu Güstow fällt ein baumbestandener und von uralten und riesenhaften Haselbüschen begleiteter Weg ziemlich steil ab ins Tal des Flüsschens. Höhenunterschied 25 Meter. Immerhin. Unten stößt man auf die eingleisige Eisenbahnlinie nach Rhena. Das wäre gegangen; Streckenlänge zehn Kilometer, Fahrzeit zwölf Minuten. Dem fehlt der sportliche Reiz, den uns das Radebachtal beschert. Zunächst überqueren wir noch eine abenteuerliche Hängebrücke über bei Stresdorf heruntersprudelnden Rauschebach, der in Sichtweite in die Radegast stürzt. Der Wasserspiegel liegt hier bei 27 Metern über NN. In Rhena werden es nur noch 17 Meter Meereshöhe sein. Unser Flüsschen würde sich selbst davonlaufen, wären die Mäander nicht. Die strecken die zehn Kilometer Luftlinie um das Doppelte. Wer Zeit hat und eine so gute Karte wie ich, kann die Mäander auszählen: Es sind 100 scharfe Biegungen. Meine Karte ist so gut, dass ich, wenn ich wollte, die Fließgeschwindigkeit kontrollieren könnte: 1,3 m/s. Ein Papierschiffchen schießt davon wie ein Blitz.

Jürgen Borchert

Bahnhof, 1984

Bahnhof in Holdorf 2007

Der Winter kehrte nicht mehr zurück. Die Sonne schien jeden Tag und die Natur gewann gegenüber den Vorjahren an Vorsprung. Ich war auf dem Weg zu Harald Becker. Und angeregt durch Jürgen Borchert durchwanderte ich seine mecklenburgische Landschaft, von Gadebusch kommend, entlang des Mäanders der Radegast zum Bahnhof und den Alleen in Holdorf, über Meetzen, Roggendorf nach Klein Thurow.

Halbstundenweit lagen sie voneinander entfernt, zwischen ihnen dehnten sich in dem breiten welligen Hügelland die duftenden Rapsfelder und die Viehkoppeln. Auf dem Felde und an den Straßen standen mächtige Baumgruppen und Eichen. Neben der verschlossenen Urwüchsigkeit hatte die Landschaft etwas Parkartiges. Wie auf flämischen Gemälden schlängelten sich früher bis kurz nach der Wende noch ausgefahrene Landwege zwischen den Orten. Harald passt zu dieser Landschaft. Sie prägte ihn. Sein Körperbau ist kräftig muskulös. Er ist beharrlich und arbeitsam, eigensinnig und zäh und verfügt über praktisches Denken, handwerkliche Fähigkeiten und eine bewegliche Fantasie.

Kunstkritik

Der Ursprung seiner Lust Bilder zu malen, liegt außerhalb der Kunst, sie ist die Folge einer hemmungslosen Neigung, begierig das Dasein zu erleben, und er tut dies mit ausgeprägtem Realitätssinn. Er ist einer von den Menschen, die ihr Leben nicht langsam aushauchen, sondern zügig einatmen: Das Malen ist seine Möglichkeit, den vielgestaltigen Reizen der sichtbaren Welt nicht passiv ausgeliefert zu bleiben, seine Genussfähigkeit über sich hinaus produktiv zu machen. So entsteht Kunst aus Leidenschaft, Genuss am profanen Leben, wenn es wundergläubig gesehen, gerochen, gehört, betastet und bestaunt wird, wie eben von Harald Becker.

Ulrich Rudolph

FAMILIE
»Man muss dem Würgegriff der Familie entkommen«

»Wie mir heute bewusst und klar ist, hat es damit zu tun, egal was man macht, dass man sich von der Familie entfernen muss. Man muss dem Würgegriff der Familie entkommen. Die blockiert, behindert und verzerrt. Das ist logisch, das Höchste in der biologischen Fortsetzung, was ein Kind vollbringen kann, ist das fortzusetzen, was die Eltern nicht geschafft haben. Kinder haben die Aufgabe, die Lücken, die die Eltern geschaffen haben, zu füllen. Das ist alles andere als voranbringend und produktiv.

Einer meiner Lehrer hatte eine eigene Statistik für sich geführt. Der tauchte bei mir in den neunziger Jahren zu Hause auf und hat mir sein Dissidentenleid geklagt, was mich verwunderte. Es war mal mein Geschichtslehrer, der gleichzeitig den Staatsbürgerkundeunterricht durchführte. Der kam zu mir und klagte mir sein Leid, wie übel die Gesellschaft sei, in der wir uns befunden haben. Er hat mir dann bei der Gelegenheit seine eigene private Statistik vorgetragen. Von den Schülern, die er unterrichtet hatte, war etwas geworden, die ihre Heimat verlassen hatten. Er vergaß, dass er sich mit jemanden unterhielt, der an der Scholle klebte. Das hat nichts damit zu tun, das Bildungsstätten sich selten so am Geburtsort befinden, zumindest nicht die passenden. Es ist etwas dran an der Statistik des Lehrers. Weg vom Wohn- und Geburtsort, heißt weg aus diesem Würgegriff. Wohin der Weg dann führt, ist eine andere Geschichte. Dem größten Feind, dem man im Leben begegnet, das ist die eigene Familie aus der man stammt. Das ist das Erste und Wichtigste, ein Leben lang zu versuchen, dem Würgegriff zu entkommen. Wenn man es in einer Art und Weise schafft, dass sich

Dorfstraße in Holdorf, 1981

Dorfstraße in Holdorf 2007

eine zwischenmenschliche Harmonie einstellt, ist es umso besser. Eltern lieben ihre Kinder. Kinder achten ihre Eltern in dieser Form.
Es sind die amerikanischen Eltern, die ihre Kinder lieben. Real lieben die Eltern ihre Kinder nicht. Ich halte es für einen Schwindel. Je auffälliger sie lieben, ich lebe für euch, so größer der Schwindel. Es gibt etwas, das eine Achtung möglich macht. Das ist das Fleisch zu dem man geworden ist, aus den Genen der Eltern. Mit diesem Fleisch in dem ich stecke, fühle ich mich wohl, und ich halte das ohnehin für das Bestmögliche, was mir passieren kann. Diese Achtung ist auf ewig.«

Philosophie

Ich war ein allseits gerügter Zappelphilipp. Manchmal differenzierter getadelt, wenn mir das, wie es sein könnte, wichtiger war als das, was sein müsse. Parallel zur Fülle der vielen Rätsel körperlich aktiv, und somit sportlich gut ausgestattet, habe ich mir meine Antworten erlaubt, den Geschmack der Welt mit der Zunge aufgenommen. Ahnend, dass die Kunst es vermag, das Leben in seiner großartigen Breite zu begreifen, wollte ich den Anfang des Weges suchen, malend, der durch alle Widerstände außen und die Wirrungen in mir selbst zur Erlösung führt.

Und die Rahmung der neu geschaffenen Welten wurde zur vorzüglichsten aller Möglichkeiten, mich selbst hierdurch als Kunst in die reale Welt zu stellen. Zu entdecken, wie alles in allem zu finden ist, und wiesoviel davon in mir, bildete sich aus dieser Sehnsucht eine feste Exposition. So oft mich in der jugendlichen Blindheit der Sturm in Sackgassen trieb, war nicht ohne Geduld der alte Anfang neu gefunden.

Alles ist jetzt noch so. Mit der Erfahrung lassen sich in der knapper werdenden Zeit Fehler umgehen. Manche bleiben auf dem hoffnungsvollen Weg unvermeidlich, und viele neue werden noch zu machen sein.

Harald Becker

KINDHEIT
»Oma Weigel in alten Biedermeierröcken«

»Ich bin durch die Eltern ein Multikulti-Kind geworden. Ich bin der Sohn eines Flüchtlings. Meine Mutter hat durch den Verlauf des Krieges ihre Heimat und ihre Familie verloren. Ostpreußen ist zwar deutsch und darauf bestehen alle und die Vertriebenenverbände haben das alle auf ihren Fahnen. Es ist eine andere Gegend, eine andere Kultur. Als ich zur Welt kam, war der Weltkrieg gerade sieben Jahre zu Ende. Die Rauchschwaden des Krieges hatten sich noch nicht richtig verzogen, und die Umgebung in der ich groß wurde, war eine Multikulti-Gegend.

Über den Hof hinten lief Oma Weigel in alten Biedermeierröcken, so drei vier übereinander mit so Knödelärmelschultern, alltags mit vielen Flecken, sonntags mit wenig Flecken. Das waren Sudetenflüchtlinge. Aus allen ehemaligen Deutschgebieten sind sie zusammengekommen. Jeder hatte seine eigene Sprache und Kultur mitgebracht. Multikulti, was heute zu Auseinandersetzungen in der Gesellschaft führt, aus Neid und Selbsthass. Es ist mir nicht gelungen, in verständlichen, klaren, unsentimentalen Sätzen diese farbige Welt darzustellen, wozu so viel mehr gehört, zum Beispiel der Bäcker Hoppe um die Ecke oder Böttgermeister Bollow, bei dem ich das Hölzerriechen lernte. Dazu gehört der Spirituosen- und Tabakwarenhandel, der sein Lager dort hatte. Das war ein großartiges Angebot von Weltereignissen.«

Philosophie

Vor dem Gutshaus, in dem meine Großeltern ihre Mansardenwohnung hatten, standen in meiner Kinderzeit plötzlich Los- und Schießbuden da. Der Alltag war ausgesetzt, dass selbst das laute Ticken der Uhren in den Stuben nicht mehr zu hören war. Es gab ein Fest für zwei Tage, alles war im Ausnahmezustand. Eine fremde Frau mit viel Schminke im schönen Gesicht ließ alles verblassen. Mit ihr gab sich die Welt in unserem kleinen Dorf die Ehre. Und wohin sich diese verführerisch Lächelnde in ihren so anderen Kleidern bewegte, zog ein langer Schweif lieblichster Düfte hin. Ich war so verliebt, dass mich noch lange Zeit die wunderbarsten Träume beherrschten. Begegnet bin ich ihr nie wieder leibhaftig, ich konnte Reste des Duftschweifes noch wahrnehmen, der sich durch Wiesen und Dörfer zog - später, als ich für mich durchaus befriedigend diese Landschaften malte.

Harald Becker

»Lichter, wie auf einem Rembrandtschen Gemälde«

»Zu meiner Kinderzeit hat der Spirituosen- und Tabakladen noch funktioniert, wie zu seiner Gründung vor 150 Jahren. Als ich dort einkaufen ging, zum Beispiel Streichhölzer, die ich brauchte, um das Zündeln zu üben.
„Mein Vater schickt mich, ich soll Streichhölzer kaufen."
„Ist das wirklich für deinen Vater?"
„Ja."
Zu jedem Einkauf, ob es eine Schachtel Streichhölzer oder eine Tüte Mehl war, gab es aus dem großen Glas einen Malzbonbon. Die Ladeneinrichtung war noch die erste. Das einzige was nicht mehr so war wie zur Gründung des Kolonialwarenladens, das war der Eiskeller. Ich kannte ihn gut. Das war ein Schuppen mit massiven Wänden und einer unheimlich dicken Tür, wo im Winter gestochenes Eis eingelagert wurde, um dazwischen verderbliche Lebensmittel zu lagern. In dieser kleinen Stadt Gadebusch, mit seinen sechs- oder siebentausend Einwohnern, gab es drei Kolonialwarenhandlungen.

Was für mich eine besondere Rolle spielte, waren die Lichter überall. Dieser Kolonialwarenladen hatte kleine Fenster nach außen. Es waren Lichter wie auf einem Rembrandtschen Gemälde. Ein Gesicht hatte eine andere Bedeutung in dieser Umgebung. Es war exklusiver, schöner, geborgener und wärmer. Die Reflexe in den Bäckereien oder in der Schmiede faszinierten. Die Beleuchtung in den unterschiedlichsten Häusern und Gewerken hatten für mich eine große Bedeutung. Das war eine Zeit, in der wir groß geworden sind. Die Gesellschaft hat dann einen großen Sprung getan. Alle Werte, die sich verändert und verschoben haben, haben sich äußerlich dokumentiert durch die Veränderung der Lichter in den Werkhallen, in den Verkaufsräumen und in den Stuben in denen man lebte. Das fand in den fünfziger Jahren statt, wo die kleinen Fenster überall ausgetauscht wurden gegen Riesenlöcher. Jetzt wollten alle im Licht leben. Auf dem Lande war das Gutshaus Vorbild. Das war der Ort der Kultur und der Ort, wo Lebensstil gepflegt wurde. Es war der Ort, wo die Mittel existierten. Was ringsum geschah, war zunächst die Veränderung der Lichter. Kleine Fenster raus in den alten Tagelöhnerkaten, große rein. Gott sei Dank, zunächst zögerlich, so dass mir Zeit blieb, diese anderen Lichter, die eher die Lichter des Mittelalters waren, noch kennen lernen zu können.«

RELIGION
»Die Demut und Erhabenheit der Natur hat etwas Religiöses«

»Geboren in einer protestantischen Umgebung war es für mich nicht uninteressant, dass sonntags früh, am Tage des Herrn, der dafür gemacht ist, dass die Protestanten ausschlafen können und nach Beendigung ihres Frühstücks die katholische Gemeinde nach Hause kommen sahen. Da hatten die ihre erste Arbeit getan. Die sahen schön aus. Sie waren schwarz gekleidet, und die vollständige Familie war früh zur Kirche gelaufen. Die Kirchenglocken der Protestanten begannen dann erst zu läuten.

Harald Becker bei der Taufe 1952

Getauft bin ich. Die Taufe fand in Roggendorf statt. Das war der zuständige Kirchkreis für Holdorf. Im gleichen Jahr, dem Jahr meiner Geburt, ist mein Vater Volkspolizist geworden und da war Schluss mit Religion, und ich wurde atheistisch erzogen. Ich habe mich in seltsamer Weise von der Religion angezogen gefühlt. Das hat sich, wie alles weitere in meinem Leben, mehr technisch geäußert. Ich war in der Gadebuscher Kirche, um diesen Raum zu erleben. Die Religion hat sich, ohne dass ich bis dahin einen Satz aus der Bibel gelesen hatte, über das Gebäude, in gleichem Maße über die Natur, erklärt. Die Demut und Erhabenheit der Natur hat etwas Religiöses. Die Welt und sich aus Dimensionen begreifen, die sich zwischen Demut und Erhabenheit bewegen. Wenn man malt und dieses von der Natur lernt, wird man religiös.

Ich habe das erste Mal das Wort Gottes, die Bibel, bei der Armee gelesen. Das hört sich für Leute, die aus der DDR stammen, seltsam an. Ich bin bei einer Übung mit zwei Kumpels anstatt zu schießen in eine Kneipe gelaufen, und dort haben wir gesoffen, was soll man sonst machen. Als wir an der Kirche des Ortes vorbeigingen, hat mich ein seltsames Gefühl ergriffen. Ich bin zu der Kirche und habe beim Pfarrer geklopft, damit er die Kirche aufschließt. Die Pastoren hatten eine miserable Stellung, wenn da ein schmutziger Soldat kommt und sagt er möchte in die Kirche, dann haben die aufgeschlossen. Ich weiß nicht, ob das jetzt noch so praktiziert werden würde. Ich habe die Kirche besichtigt und beim Verlassen den Pfarrer gefragt, ob er nicht eine Bibel für mich übrig hätte. Er sagte, das wäre kein Problem, und ich meinte, das muss keine neue, sondern es kann eine alte sein, am Besten in deutscher Schrift gedruckt. Ich konnte die deutsche Schrift lesen, das Schreiben habe ich nie beherrscht. Ich hatte mir eine Bibel in deutsch gedruckt gewünscht, weil ich diese Schrift für authentischer hielt. Die habe ich dann bekommen. Von da an lag die Bibel in meinem Spind. Die sah schön aus, und ich besitze sie heute noch.

Bei uns vorbei, wo ich die Heckenschneider gemalt habe, ging der Kirchsteig. Meetzen hatte, das war außergewöhnlich für einen so unbedeutenden Ort, eine kleine Altbauernbarockkirche, in der zu Weihnachten Gottesdienst statt fand. Der Weg wurde gebraucht, er hieß Kirchsteig, damit die Leute nach Gadebusch zur Kirche laufen oder mit dem Fahrrad fahren konnten. In schwierigen Jahreszeiten war der Weg zerfahren, aber noch passierbar, ein geachteter Fahrrad- und Fußweg, der dreißig Zentimeter breit war. Als die neue Generation die Traktoren bestieg, sind sie gleich auf dem Kirchsteig gefahren. Das war der Wandel der Generationen, die nicht mehr mit den Händen den Boden berührt hat und das war der Wandel im Verhältnis zur Kunst. Die ältere Generation, die als Landarbeiter und Tagelöhner noch groß geworden sind und über eine bescheidene Bildung verfügten, hatten durch den Kontakt zum Boden ein besseres Verhältnis zur Kunst. Sie hatten Achtung, das habe ich beim Malen erfahren, als ich zum Beispiel den Heckenschneiderr hinterher gelaufen bin. Die hatten Achtung vor dem Kirchsteig und vor mir. Das hatte ich im Schweriner Kabelwerk erlebt, wo der gezogene Kupferdraht so eine schwarze Schmiere produzierte, dass die Arbeiter am Feierabend aussahen wie diese schwarze Oxidsuppe.«

SOZIALES UMFELD
»Edith kommschte nei«

»Meine Mutter stammt aus Ostpreußen. Zur damaligen Zeit waren Ostpreußen und Sudetendeutschland weit weg. All die deutschen Flüchtlinge, die in Gadebusch nach dem zweiten Weltkrieg gelandet waren. Dazu gehörte zum Beispiel der Malermeister Hosar. Ich meine mich so zu erinnern, dass der regelmäßig bei uns mal das Wohnzimmer, mal die Küche neu tapezierte und der nach jeder Aussage, nach jedem zweiten Satz, ‚no wahr' sagte. Das hat mich als Kind fasziniert, weil ich das Wort dahinter wie ein Fragezeichen erlebte ‚No wahr, no wahr.' Weil ich das nicht verstanden habe. Mich hat das ebenso fasziniert, wie seine artistische Höchstleistung, die er auf der Leiter vollbrachte. Der konnte beim Malen, mit der Trittleiter durch den Raum laufen. Das hat er extra vorgeführt. Ich glaub er war ein Meister des Trittleiterraumlaufens. Er erzählte und am Ende kam ‚No wahr'. Das gibt es überall, in Mecklenburg sagt man am Ende, ‚ne'; und was weiß, ich was man in Köln ausgerufen hat. Der sagte: ‚No wahr'. Diese andere Sprache durch den Malermeister gab es eben woanders auch anders. Die Ostpreußen haben eine andere Melodie gehabt.

Die andere Sprache hat nicht gestört. Wenn Edith von der Großmutter gerufen wurde, schallte es über den Hof: ‚Edith kommschte nei'. Das hat mich fasziniert. Zu den optischen kamen sprachliche Besonderheiten, weil es eben anders klang. Die haben anders gelebt, sind anders gestorben. Oma Weigel war tot. Da lag sie und das war unheimlich interessant, diesen Körper sich anzuschauen.«

FAMILIE
»Meinen Vater zur Karriere gezwungen«

»Im Jahr meiner Geburt sind wir von Holdorf nach Gadebusch gezogen, um meinem Vater auf seinem Karriereweg zu folgen. Meine Frau Mutter, ein klassischer Fall, hat ihren Mann, meinen Vater, zur Karriere gezwungen. Wahrscheinlich wäre er Landarbeiter, ein guter Landarbeiter, geblieben. Er war Traktorist und wenn meine Mutter als Heimatlose in ihrem ziellosen Streben, die es 1945 nicht geschafft hatte in den Westen zu kommen, nicht gegeben hätte. Mein Vater hat den Karriereweg als Polizist begonnen, und wurde dann von einem Lehrgang zum anderen getrieben und hat es bis zum Offizier gebracht.«

Harald Beckers Vater als Offizier bei der Volkspolizei der DDR

Harald Beckers Mutter als Krankenschwester 1954

Harald Becker mit seinem Vater 1953

»Er wurde durch die Ereignisse des zweiten Weltkrieges zum Weltreisenden«

»Mein Vater war hier in Mecklenburg als Sohn eines Tagelöhners geboren. Er war das dritte von sieben Kindern. Der wäre ohne den Krieg nicht rausgekommen aus dem kleinen Nest Holdorf. Er wurde durch die Ereignisse des zweiten Weltkrieges zum Weltreisenden. Als ich zur Welt kam, war mein Vater gerade sechs Jahre aus dem Krieg zurück. Von den Russen ins Bein geschossen und am Ende von den Engländern gefangen genommen. Zwischendurch hatte ihn der Feldzug über Holland nach Frankreich geführt. Die Daten weiß ich nicht mehr und ich kann sie nicht erfragen. Zur Kultur meines Vaters gehörte es nicht, Ereignisse aufzuschreiben. Ich habe in Erinnerung, dass er derjenige war, der das Kriegsgeschehen in Frankreich zum Positiven geführt hat, die Schlachten, an denen er teilgenommen hat, wurden durch ihn gewonnen. In Holland hat er das Käseessen und in Frankreich die Frauen kennengelernt. Und ein paar Vokabeln französisch, die wurden bei feierlichen Anlässen an den Mann gebracht. Das ist eine Menge. Wie sehr das einen Wahrheitsgehalt hinsichtlich der Route durch Europa hatte, ist korrekt, das mit den gewonnen Schlachten glaubte ich weniger. Das ist eine Selbsttherapie. Die Wahrheit ist, dass mein Vater bis zum Tode nachts vor Angst geschrien hat und um sich schlug. Es waren nicht leckerer Käse und schöne französischen Frauen, sondern es war das, was den Krieg ausmachte. Die Granatsplitter in den Beinen, die er mit ins Grab genommen hat, haben tiefe Verletzungen in der Seele hinterlassen. Das wird die Wahrheit gewesen sein.«

GESCHWISTER
»Die haben eine große Rolle gespielt«

Harald Becker zwischen seinen Geschwistern 1957

»Ich bin das dritte und jüngste Kind und meine Geschwister haben eine große Rolle gespielt. Das dritte Kind ist nicht ein klassisch belastetes, sondern gleichermaßen ein entlastetes, da die Aufgaben, alles besser zu machen, dass was die Eltern vorher nicht geleistet haben schon erledigt war. Die hat gleich der Älteste alle aufgebürdet bekommen. Der hat das dann prompt alles erfüllt, alles mit sehr gut oder ausgezeichnet beendet. Dieser Platz war schon besetzt und ich konnte mir einen anderen suchen, wahrscheinlich das Gegenteil davon. Der Hoffnungsträger der Familie war ich nicht, und das hat sich schon frühzeitig herausgestellt. Unmöglich, dass ich das jemals werden konnte. Diese Last hatte ich nicht. Das begreife ich als außerordentlichen Glücksumstand, und ich hatte damit größere Freiheiten. Die Nachteile, die sich ergeben haben, sind leicht zu benennen. Für alles was ich getan habe, musste ich mich mit einem schlechten Gewissen und Schuldgefühlen durch die Gegend stehlen. Es gibt außerdem, dass ich mal brav gezeichnet habe, nichts, was zu belobigen gewesen war. Beide Eltern waren berufstätig. Ich kann mich an keinen Tag erinnern, wo ich gelöst und locker dieser Abrechnungsstunde beim Abendessen entgegenging. Ich war eher mit Ängsten ausgestattet, wissen sie es oder noch nicht. Das war der Preis der Freiheit. Es waren nicht im Ansatz kriminelle Dinge, es waren so belanglose Sachen. Die neuen Schuhe sind schon kaputt, weil ich damit in der Radegast, dem kleinen Flüsschen, auf- und abgelaufen bin. Ich hatte nichts weiter als praktisch gedacht. Dieser Bach war von vorn bis hinten mit Glasscherben und kaputten Flaschen bedeckt, die einem hundsgemein die Füße zerschnitten haben. Na gut, ich habe auf der Straße gesammelte Zigarettenkippen versteckt, um sie im Benzinlager der Tankstelle zu rauchen. Da muss ich zugeben, das war schon tüchtig über der Grenze. Sonst wüsste ich nicht, was ich mir habe zu Schulden kommen lassen. Den Arsch voll gab es für alles, selbst wenn ich auf der Wiese der Tochter von Frau Martens die schon gut ausgeformten Brüste durchkneten durfte. Das wurde von einem alten Mann gesehen, als Unsittlichkeit gemeldet und abends gab es eine Ohrfeige.

Meine Schwester Isolde war jenseits von Gut und Böse. Die musste nichts leisten und die wurde nicht so arg bestraft. Die hat aus heutiger Sicht eher eine unglückliche Rolle gespielt. Wie alle Kinder musste sie ein Musikinstrument erlernen. Ich erinnere mich an Mandoline. Gruselig dieses Geklimper. Da war Akkordeon im Spiel. Es ist nicht zu einer handwerklichen Meisterschaft gekommen, nicht mal zu Wohlklang, das hat für mich keine so wesentliche Rolle gespielt. Ich wurde weder zu Hause noch in der Schule an meiner Schwester gemessen, sondern an meinem Bruder, der das gute Vorbild war. Für mich war die Schwester nicht bereichernd, verpetzt hat sie mich öfters.«

SCHULE
»Diese Lehrer waren die Achtundsechziger im Westen«

Harald Becker mit seiner Mutter bei der Einschulung 1958

Harald Becker 1960

»Mit den neuen Hochschulkadern, das war Mitte der sechziger Jahre, kam ein neues Leben in unsere Kleinstadt Gadebusch. Es waren im Klassenraum neuartig gerahmte Drucke, die ich vorher in meinem Leben nicht zu sehen bekommen hatte. Da waren Reproduktionen von van Gogh. Ich habe später erfahren, dass Picasso im Spiel gewesen ist, ich glaube die Schulleitung hat dem Einhalt geboten. Das durfte es nicht sein, van Gogh schon. Das Vorhandensein dieser Reproduktionen war durchaus eine Bereicherung der Welt, in der ich mich befand. Für mich hat das seine Spuren hinterlassen. Von dem Moment an, wo man sehen kann, was gemacht wird und was gemacht wurde, wird die Fantasie angeregt. Die Dinge bilden sich im Hinterkopf ab, um sich später in einer Vielzahl abrufen zu lassen. Diese Lehrer waren wie die Achtundsechziger im Westen. Bis dahin waren die Lehrer entweder entnazifizierte Deutsch- und Handarbeitslehrer oder es waren Landarbeiter, die im Schnellkurs zum Lehrer gemacht wurden. Ich hatte noch einen Deutschlehrer, der mit brennender Zigarre in den Klassenraum kam, und wenn die Unterrichtsstunde zu Ende ging, wurde ein Schüler ausgewählt, der die Aktentasche in den nächsten Klassenraum brachte. Lehrer Timm, Schulrat, nahm seinen Stumpen vom Fensterbrett, zündete ihn sich an und zog dampfend in den nächsten Klassenraum. Wenn wir Glück hatten, hatte er den Stumpen vergessen und der wurde sofort auf der Toilette verarbeitet.«

LEHRE
»Eine leidenschaftliche, dennoch keine ideale Liebesbeziehung«

»Der Beruf, das war das, was für mich übrig blieb. Mein Bestreben war, mit der Malerei oder der Kunst zu tun zu haben. Mein Ausbildungsgrad, mehr oder weniger gut erreichte mittlere Reife, da hatte ich nicht viel zur Auswahl. Die einzige Möglichkeit, die ich für mich sah, war Dekorateur zu werden. Das hat nicht geklappt. Da haben sie die Frauen untergebracht und somit war ich abhängig von den Beziehungen meiner Eltern. Gute Beziehungen hatten meine Eltern zu meinem späteren Lehrmeister. So wurde ich Elektriker. Aus heutiger Sicht nicht schlecht. Ich wäre keinem so großartigen Menschen wie meinem Lehrmeister begegnet. Die Beziehung war eine schwierige und zumindest für ihn keine beglückende. Das letzte Lehrjahr hat er sich geweigert, mich zu sehen. Wenn er mir einen Auftrag erteilen wollte, dann stand zwischen Tür und Angel, Friedel, Frau Meisterin, und dolmetschte.

Es ist eine leidenschaftliche, dennoch keine ideale Liebesbeziehung gewesen. Eine Hassliebe, Leidenschaft. Später, als ich einen neuen Weg für mich gefunden habe, bin ich ihm wieder begegnet und es war beidseitig spürbar eine angenehme Begegnung. Er hat sich zurückgehalten, seine Emotionen zu zeigen. Seine Neugierde spürte ich. Mein Meister war noch ein Mann der alten Schule. Es sind im Laufe eines Lebens, eines Handwerksmeisters, die Lehrlinge und die Gesellen zählbar und überschaubar. Ich muss dazu sagen, ich habe gleichzeitig um seine Liebe gebuhlt. Damit hatte ich zu tun. Ich habe sie gesucht. Ich konnte es nicht auf die von ihm verlangte Art. Ich habe es auf meine Weise getan. Da stellt sich der Erfolg nicht sofort ein. Da ist, wie im Leben Geduld, gefragt. Es dauert ein paar Jahre länger, ehe man die Ernte bekommt. Ein wichtiger Abschnitt meines Lebens.

Eine Schwäche dieser Betrachtung ist, dass ich ausschließlich den Weg der Erfahrung gewählt habe, weil der andere Weg, der Weg der Bildung, mir versperrt geblieben ist oder habe mir ihn selber versperrt, weil ich regelmäßig meine Aufgaben ungenügend erfüllt habe. Es hat nie gereicht, belohnt zu werden, um an dieser oder jener Bildungsmaßnahme teilnehmen zu können. Das wäre mit anderen Worten, was die Malerei anbetrifft der klassische Weg des Studiums der bildenden Kunst oder ein ähnlicher Seitenweg, was weiß ich, Philosophie oder so gewesen.«

»Ich wurde ins Werkstattverlies gesperrt«

»Mein Lehrmeister hat mich von der Öffentlichkeit, von seinen Kunden, ferngehalten. Ich wurde ins Werkstattverlies, in den Keller gesperrt. Ich sollte in eine Waschmaschine, bei der die Heizung nicht mehr funktionierte, eine neue Heizung einbauen. Ich habe aus der Heizung mit der Hilfe von vorhandenen Werkzeugen Ringe gebaut und kleine Blüten aufgelötet oder, das was er Gott sei Dank nie mitbekommen hatte, Bügeleisenersatzteile in den Ofen gesteckt damit ich es unten im Keller schön warm habe, weil die drei abgezählten Kohlen nicht gereicht haben.

Warum er mich von den Kunden ferngehalten hat, kann ich im Nachhinein mit ein paar mehr Lebenserfahrungen interpretieren. Als Individualist ist man untauglich, weil ein Individualist sich selbst interpretiert, und die Aufgabe eines Elektromonteurs ist eine andere, als sich selber zu repräsentieren. Das muss ich so auffällig getan haben, dass ich seine Werkstatt gestört habe.

Die Eltern wurden mit mir zusammen hinbestellt. Ich musste die erste Runde draußen stehen. Erst sprach er mit den Eltern. Die waren bemüht zu versöhnen, und dann wurde ich hingerufen. Meistens hatten sie ein Schnäpschen getrunken. Das merkte ich. Die Luft war reiner geworden. Dann war meine Aufgabe, Reue zu zeigen und Besserung zu geloben. Das ist kein theatralischer Vortrag von mir gewesen. Ich hatte darin Übung. Ich hatte an dieser Stelle den Wunsch, besser zu sein

Gadebusch, 1965

und besser zu werden. Wenn ich mit hängendem Kopf, ohne jemandem direkt in die Augen kucken zu müssen, Besserung gelobte, dann war das ehrlich. Ich hatte für mich selber vorgestellt, jetzt werde ich besser. Jetzt mache ich alles richtig. Es ist schön, gemocht zu werden und alles war wieder Friede, Freude Eierkuchen. Das heißt, gerne wäre ich aus diesem Leid erlöst worden, und scheinbar hat das Geloben von Besserung so eine Lösung mit versprochen, real ging das nicht. Von dem Moment an, wo man sich fügt und das macht was man machen soll, durch andere bestimmt, rückt das, was man sucht, wohin die Sehnsucht einen treibt – das Schöne oder das Vollkommene – das rückt von da an in weite Ferne, und dann stellt sich Sinnlosigkeit ein.«

Selbstporträt, 1966

MALEREI
»Gezeichnet und gemalt habe ich seitdem ich denken kann«

»Gezeichnet und gemalt habe ich seitdem ich denken kann. Seit meiner Kindheit habe ich gemalt. Das trifft es nicht. Es ist das Einzige, womit ich mir in meinem Leben hier und da eine Achtung erworben habe, zumindest ein wohlwollendes Zunicken. Ich glaube, dass es eher die Mystik ist, die man erfährt, wenn man versucht, sich Bilder von der Welt zu machen. Aus dem Kopf gemalt oder gezeichnet habe ich nicht. Ich habe mich an das gehalten, was mich umgeben hat, Landschaften. Es ist egal, ob man als Kind mit seinem Schulmalkasten oder nachdem man ein halbes Jahrhundert gelebt hat, mit dem Fotoapparat, zwei Längen und zwei Breiten versucht auszufüllen. Es gibt da die leicht benennbaren handwerklichen und technischen Unterschiede, aber ein Bild ist nach meinem Verständnis am Ende ein Bild. In der Fotografie bin ich noch nicht am Ende. Es kann sich für mich herausstellen, dass ich mich da irre. Dass zwar äußerlich die zwei Längen und die zwei Breiten existieren, aber durch die besondere Eigenschaft des äußeren Abbildes sich doch ein großer Unterschied zur bildenden Kunst und zum Bild herstellt. Ich habe das noch nicht herausgefunden. Die Mystik spüre ich ebenfalls hier, und so lange dass so ist, hat es sich noch nicht erschöpft. Es besteht die Hoffnung, hier zu einem Bild zu kommen.

Auf jeden Fall war das Bildermachen, das Bildermachenwollen, das Beste was ich konnte. Die Summe aller handwerklichen Befähigungen und die in aller Bescheidenheit geistigen Ausflüge führen zum Bild. Es war dann ein Beweggrund, dies zur Profession zu machen. Man kann eine Gegenprobe machen, in dem man es aus dem Jetzt beurteilt, und da meine ich, es war richtig. Ein Bild, von dem Moment an wo es funktioniert und den Betrachtenden auf eine andere Ebene bringt, ist etwas so wunderbares, dass ich rückblickend sagen kann, die Entscheidung, einen Weg zu suchen, der das Bildermachen zur Profession werden lässt, war richtig.«

Philosophie

Das Bild als Handwerk
Drei Wolken am Himmel sind ein Naturereignis, von dem man mehr oder weniger viel weiß. Der Naturwissenschaftler wird sie anders betrachten als der Romantiker. Jeder, gleichermaßen der Flugzeugpilot, wird sie in einem Ganzen sehen, von dem sich mehr als die Wolken selbst zu erkennen geben. Sie sind als Ding Teil eines chemisch-physikalischen Prozesses, Auslöser von Erinnerungen oder machen Schatten. Das Abbild dieser drei Wolken ist zunächst nichts von allem, und ihr Verhältnis zum Ganzen ist als Form oder Farbe auf die Beziehung zur Fläche mit anderen Formen und Farben reduziert. Und dann ist da noch die Geschichte, dass zum Beispiel drei Wolken von der Abendsonne gerötet, hoch über dem Horizont stehen - der Inhalt. Wenn ein rhythmischer Zusammenhang wächst - das Rot der Wolken zum Grün der Felder, wie ihre runden Formen zum Dreieck, welches sie gemeinsam bilden, und alles zusammen gegen das Format und den Anspruch der erzählten Geschichte - entsteht eine zur Natur parallele, einzigartige Ökologie- eine neue Wirklichkeit. Funktioniert eines der Elemente nicht oder ist im Verhältnis überdimensioniert oder findet als Theater außerhalb des Bildes statt, löst es etwas aus, was in der Natur Katastrophe genannt wird, fallen die Wolken vom Himmel. Die Verkürzung der

Wirklichkeit durch die Sprache und die folgende Ausweitung vom Einzelnen auf das Ganze bestimmen die Dichte des Bildes, die Sprache.

Die neue Wirklichkeit; das Bild entsteht nicht aus dem zum Kauderwelsch gemachten Abbild des für treffend gehaltenen Ausschnittes. Das Sichtbare mit beeindruckend, genialen Schwüngen zu reflektieren, wohin die Meister mühevoll gereift sind, schafft ein Plagiat der übernommenen Sprache. Sie ist der umfassende Gebrauch aller Möglichkeiten zur Realisierung des Selbst, die zugleich das Vokabular bilden.

Das Gefühl genügt nicht. Dieses muss gewandelt und im Zaume gehalten bleiben, dass es die Vielzahl der benötigten Masse kontrolliert. Schon gar nicht das Wissen um Zusammenhänge und die folgende, beliebige Interpretation durch sozialen, politischen oder wirtschaftlichen Druck. Die klaren inneren Bilder von Dingen und ihre Zusammenhänge sind so trügerisch, wie das Auge bei der Aufnahme der äußeren Wirklichkeit schnell sein kann. Und verführerisch sind alle großartigen, gespeicherten Sinneserfahrungen, die auf neue Erlebnisse projiziert sein wollen. Dieses macht die eigene kleine Welt aus, vernebelt in dem Maße die Sicht in die nächst größere und nimmt die Vision von der Welt darüber.

Harald Becker

»Meine Lehre war beendet und ich wurde entlassen. Der Vertrag war ausgelaufen. Ich habe mich sofort auf den Weg gemacht, um eine Fortsetzung zu finden. Mich hat das Mecklenburgische Staatstheater in Schwerin magisch angezogen. Das war in meinem Sichtkreis der Ort der Kultur. Da hat sich alles versammelt. Es gab keinen besseren für mich, wohlwissend, dass es bildende Künstler gibt in der Region, zu denen ich noch keinen Kontakt hatte, später aktiv suchte. Vom Staatstheater wusste ich, da wurden Bilder in anderer Form hergestellt, eine Kunstwelt geschaffen. Ich wurde genommen und war jetzt ein halbes Jahr Beleuchter. Das war eine glückliche Zeit. Ich hatte, wenn ich vom Glück spreche, die besondere Freude, die Perle aller Inszenierungen die Oper von Verdi ,,Rigoletto" erleben zu dürfen. Was die musische Seite anbetrifft, habe ich etwas ins Marschgepäck auf meine Wege bekommen, das ich als einen Riesenschatz betrachte. Die Zeit am Mecklenburger Staatstheater hat zu keiner weiteren Karriere geführt. Dann kam je der Einberufungsbefehl zu meinem Grundwehrdienst. Nach der Armee habe ich dann zunächst als Elektriker gearbeitet, mich gleichzeitig um Möglichkeiten gekümmert doch noch in den Bereich der bildenden Kunst hineinzugeraten.«

»Ein kräftiges, wohlwollendes > Weiter so <«

»Da habe ich den ersten Kontakt mit einem richtigen Künstler hergestellt. Ich bin mit ein paar Groschen in der Tasche zur Telefonzelle gegangen und habe einen Kollegen, namens Effenberger, angerufen und ihn gefragt, ob ich ihn besuchen darf. Das hat er zugesagt. Ich bin mit ein paar Zeichnungen nach Schwerin gefahren. Effenberger war durch die regionalen Medien eine bekannte Persönlichkeit auf dem Gebiet der bildenden Kunst. Er hat sich selber leicht geehrt gefühlt, dass da jemand so kommt. Ich habe von ihm viel Achtung bekommen, Ermutigung durch Achtung. Er hat sich lange Zeit meine Zeichnungen angesehen und hat mir hier und da handwerkliche Ratschläge gegeben, wie man es besser machen könnte. Auf jeden Fall endete das mit einem kräftigen, wohlwollenden ,,Weiter so". Das hat mir gut getan und war ermutigend. Jetzt hatte ich, und das ist wichtig, einen Rückhalt in der Welt. Von da an war ich nicht mehr zu bremsen.

Harald Becker vor seinem Haus in Meetzen 1979

*Harald Becker
Hochzeitsbild
1973*

Ein ehemaliger Gemüseladen in Gadebusch war mein erster Arbeits- und mein erster wirklicher Lebensraum. Ich habe mich nach Erfüllung meiner Pflichten, Schule, Lehre, Armee, dann ein Stück Berufsleben, sogar Familiengründung, Kindzeugung, früh und konsequent entschieden, weil von außen an mich keine Möglichkeit herangetragen wurde, Bilder zu malen.«

»Ich war ein Volkskünstler, ein Hobbymaler«

»Ich habe in dem Laden erstmalig meine Welt physisch neu gebildet. Der familiäre Raum hinkte mehr aus technischen Gründen hinterher. Unsere erste Wohnung war unser erstes Haus. Das war eine Ruine, die ich ausgebaut habe, und zwar nach dem Bilde der Eltern und wie es sich gehört, sollte alles mehr sein. Wo bei meinen Eltern ein kleines Fensterchen in der Stubentür war, habe ich Bleiverglasung eingesetzt. An Stelle von zwergenhaft geblümten Stubentapeten habe ich großzügige, mit Riesenornamenten in Gold und Silber verwendet. Wo in dem Hausflur bei meinen Eltern noch zaghafte Versuche einer Kachelung zu sehen waren, habe ich Natursteine eingebaut. Von aller Welt bewundert, in Wirklichkeit furchtbares Zeug. Es hat sich früh herausgestellt, dass das nicht der richtige Weg ist, und ich konnte so in meine nächste Reifungsebene eintreten.«

Kulturpolitik der ehemaligen DDR

*Kostproben künstlerischer Talente
Ausstellung des künstlerischen Volksschaffens zum 60. Jahrestag der Oktoberrevolution im Staatlichen Museum Schwerin
In direkter Nachbarschaft zu den viel besuchten und viel bestaunten kunsthandwerklichen Exponaten und Grafiken aus Sowjetestland präsentiert sich seit dem gestrigen Freitag eine neue nicht minder anziehende Ausstellung im Staatlichen Museum Schwerin: Die Bezirksausstellung des bildnerischen Volksschaffens zum 60. Jahrestag der Oktoberrevolution. 115 Bürger der verschiedensten Berufe, meist Mitglieder künstlerischer Arbeitsgemeinschaften, zeigen über 300 Arbeiten. (u. a. das Gemälde von Harald Becker „Studenten").
Schweriner Volkszeitung 5./6. November 1977, 6.*

»Zu dem Gemüseladen gehörte der Arbeitsweg. Die Tatsache, dass das noch ein Arbeitsweg ist, war gut, denn ich hatte aufgehört berufstätig zu sein, unbemerkt von meiner Umwelt. Eine wichtige Zeit, um morgens den Einen oder Anderen zu treffen, der im Vorbeigehen den Hut um ein bis zwei Zentimeter lüftete. Das konnte ich so nicht erwidern. Das war meine erste Selbstständigkeit. Alle, die zur Arbeit gingen, kamen mir entgegen. Das hatte so nicht einen praktischen Sinn, sondern bedeutete Anerkennung, dass man seinen Meister aus einer früheren Lebensphase gleichberechtigt auf der Straße traf und sich wechselseitig anerkannte.
Zu der Zeit war ich ein Volkskünstler, ein Hobbymaler. Die Freizeit sollte organisiert werden und der, der sich herabließ sich als Volkskünstler zu betätigen, war sofort von Mitarbeitern der Kulturämter umgeben, um sofort dafür zu sorgen, das derjenige mit den notwendigen Materialien versorgt und unter professioneller Anleitung seinem Hobby nachgehen konnte.

Studenten

Harald Becker malt an der Trave in Lübeck 2003

Harald Becker malt den Abgeordneten Rehbein 1976

Porträt Dietrich Stölmacker 1981

Ich war ein Volkskünstler und bin in den Genuss eines Doppelauftrages gekommen. Thematisch ging es darum, einen Helden der sozialistischen Arbeit darzustellen. Das war der Traktorist Rehbein. Der war davon gerührt und fühlte sich geehrt. Als er zu der ersten Verabredung kam, hatte er seine besten Sonntagssachen an. Das war die Mode sechziger Jahre. Ich bat ihn dann, seinen Arbeitsanzug anzuziehen und beim nächsten Mal kam er in einem gebügelten Blaumann. Der war gleichzeitig Parteifunktionär und Kreistagabgeordneter und mein Auftrag lautete, es so darzustellen, dass man erkennt, dass dieser Mann nicht Berufstätiger ist, sondern als Abgeordneter und Funktionär zu erkennen ist. Ich habe das so gemacht, wie man sich das als Kind vorstellt, wenn man so etwas ausdrücken will, einen Blaumann mit einem Papier oder einer Urkunde in der Hand, stark symbolistisch. Das habe ich versucht zu malen, um im Nachhinein sagen zu können, das war nicht schlecht. Es war mehr oder weniger verkrampft. Für mich war es wichtiger als für die Auftraggeber. Ich habe mich wie eine Institution gefühlt, obwohl ich asozial war. Wer in der DDR nicht arbeitete, war asozial. Ich konnte meine Erfahrung machen für das nächste Mal. Ich meine, ich habe 2000 Mark in drei Raten bekommen. Das war eine Menge Geld. Von diesen 2000 Mark und dem Geld, das ich am Wochenende für die Zirkelleitung bekommen habe, konnte ich gut leben.«

»Mein Lehrmeister war die Natur«

»Mein Lehrmeister war, ohne Abstriche zu machen an dem, was man Achtung gegenüber anderen nennt, und ohne mich als genialen Künstler wichtig zu machen, der alles aus sich selber geschöpft hat, die Natur. Kollegen, denen ich dann begegnete, haben eine vorzügliche kritische Distanzposition beziehen können, auf die Frage, was muss man machen, dass es richtig ist oder wie geht es vorwärts oder schauen, wie der es macht und herausfinden, warum er es so macht. Wirklich gelernt habe ich in der Natur, und zwar ohne es viele, viele Jahre zu begreifen, die ökologischen Zusammenhänge der Dinge, die in der Natur als Sonne oder Regen, Wasser oder alles was da kreucht und fleucht.

Es gibt da zwei Möglichkeiten, der Natur zu dienen, weil sie so wunderbar ist, wenn es stürmt, wenn es regnet, hagelt oder donnert oder die Sonne scheint oder der Frühling entwickelt sich. Man kann erschlagen oder erhaben sein. Das sind alles menschliche Eigenschaften. Erhabensein heißt, über den Dingen stehen und sie für sich und seinen Zweck zu gebrauchen, was aus der Erhabenheit heraus ein Missbrauch ist. Die Ebene dazwischen ist weder der Demut erliegen, noch in Erhabenheit missbrauchen. Das ist kurze Zeit möglich. Die zwei Stunden nenne ich das Göttliche. Das muss man sich als einen Zustand vorstellen, den es im Alltag so nicht gibt. Der Gärtner hat diese Ebenen als ein Entweder-oder. Der Gärtner oder der Landwirt sind jemand, der die Natur als Feind hat und wird versuchen, sich darüber zu stellen oder die Natur zu besiegen, was seit Jahrtausenden geschieht. Wenn sie zu nass ist, sie trocken zu machen und umgekehrt.«

Der Malerwinkel in Lübeck 2003

Harald Becker malt 1999 Susanne v. Keyserlingk

VERBAND BILDENDER KÜNSTLER DER DDR
»Legitimation und
Anerkennung zugleich«

Christine Stäps

Christine Stäps wurde 1940 in Burkau (Sachsen) geboren. Studierte von 1960 – 1966 an der Hochschule für Bildende Kunst in Dresden bei Rudolf Bergander. 1967 Umzug nach Schwerin. 1978 – 1988 Vorsitzende des Verbandes Bildender Künstler im Bezirk Schwerin. Sie erhielt 1975 einen Förderpreis des Ministeriums für Kultur der DDR, 1976 den Kunstpreis des Rates des Bezirkes Schwerin und 1996 den Karlheinz-Goedtke-Preis des Herzogtums Lauenburg. Einzelausstellungen und Ausstellungsbeteiligungen im In- und Ausland. Sie lebt als Malerin und Bildhauerin in Grambow-Charlottenthal bei Schwerin.

»Ich bin zwei wichtigen Kollegen begegnet, das sind Christine Stäps und Willy Günther. Die waren beide Mitglieder des Verbandes und sind dann meine Mentoren geworden. Es kam erst eine Kandidaturzeit von drei Jahren. Das war eine gute Erfindung, dass das so in den Statuten aufgenommen wurde. Jemand, der neu hinzukam, erhielt eine Begleitung. Ich habe das als eine Form der Anerkennung erlebt. Die Äußerung einer gesellschaftlichen Vereinbarung, die man getroffen hat. Es gab die kleine Besonderheit, die in der DDR eine Legitimation bedeutete. Künstlerbund und Künstlerbünde gibt es heute in Massen. Der Verband Bildender Künstler hatte einen anderen Charakter. Wenn heute jemand die Augen schließt, sich als Weltbelehrer fühlt und sich entschließt: „Jetzt bin ich Künstler", dann ist er das. Das war zu DDR-Zeiten nicht so einfach. Mit der Entscheidung, dass man jetzt die Welt verbessern will oder Bilder von ihr machen will, da war man in der nächsten Konsequenz asozial. Die Mitgliedschaft in dem Verband Bildender Künstler war eine Legitimation und zugleich eine bedeutende Anerkennung. Für mich, der aus der tiefsten Provinz stammt, war das ein Schritt in die Welt. Ich habe andere Leute gesehen. Ich habe mit Erstaunen diesen gehört und jenen beobachtet. Ich habe andere Lebensmodelle kennen gelernt, Dinge, die mir bisher verborgen geblieben waren, weil es in der Nachbarschaft keine Menschen gab, die sich mit solchen Dingen beschäftigten.

Harald Becker und Christine Stäps 2004

Christine Stäps in ihrem Atelier 1987

Es gab eine Aufnahmeprüfung. Man musste eine Anzahl von Zeichnungen und Bildern vorlegen. Das war so verlangt. Dann hat dort eine Schar von Juroren gesessen, wie mir das im Leben öfters widerfahren ist. Da ist ein Tisch und da sitzen wohlwollend Juroren, die dich besichtigen und zustimmend nicken, was bedeutet, man ist einen Schritt weiter. An die Fragen, die gestellt wurden kann ich mich nicht mehr erinnern, an die Personen gut. Als ich mich in den achtziger Jahren als Meisterschüler bewarb, ist mir das noch einmal widerfahren. Da war wieder der Musterungstisch, da sogar zwei Mal, zuerst musste man einen Meister für sich gewinnen. Dieser wurde dann dein Mentor, und dann gab es die große Jury. Es war so aufregend wie bei der Aufnahme in den Verband. Ich war dann Meisterschüler bei dem Berliner Plastiker und Schriftsteller Wieland Förster.«

Wieland Förster 1976 in Berlin

Wieland Förster

Wieland Förster wurde 1930 in Dresden geboren. 1946 – 1950 in politischer Haft in Bautzen. Von 1953 bis 1958 studierte er Bildhauerei an der Hochschule für Bildende Künste in Dresden bei Arnold und Steger. Von 1959 – 1961 war er Meisterschüler an der Akademie der Künste in Berlin bei Fritz Cremer. 1974 wurde er Mitglied der Akademie der Künste Berlin, 1978 ihr Vizepräsident. 1985 Professor. 1991 trat er aus der Akademie der Künste Berlin aus und war 1996 Gründungsmitglied der Sächsischen Akademie der Künste in Dresden. Am 20. Juli 2007 wurde in Gegenwart von Wieland Förster in Güstrow seine Bronzestele von Uwe Johnson auf dem Domplatz aufgestellt.

Verband Bildender Künstler der DDR (VBK) 1950 - 1990

Gesellschaftliche Organisation und Interessenvertretung der bildenden Künstler, Gebrauchsgrafiker, Bühnenbildner, Formgestalter, Kunsthandwerker und Kunstwissenschaftler. Zunächst als „Verband Bildender Künstler Deutschlands" im Kulturbund organisiert. Den ersten Vorsitz hatte Otto Nagel. Es wurden Bezirksverbände gegründet und 1969 der Name in „Verband Bildender Künstler" geändert. 1989 hatte der Verband rund 6000 Mitglieder. Zuletzt standen dem Verband Mittel in Höhe von 9 Millionen Mark im Jahr zur Verfügung. Die Mitgliedschaft im Verband konnte man erlangen, in dem man der zuständigen Sektionsleitung Arbeiten vorlegte und ein Aufnahmegespräch beantragte. Durch Beschluss eines Bezirksvorstandes und Bestätigung des Zentralverbandes konnte eine dreijährige Kandidatur erteilt und nach einer weiteren Prüfung die Vollmitgliedschaft verliehen werden. Mit der Vollmitgliedschaft erhielt man die Berechtigung freischaffend tätig zu sein, einen begünstigten Steuersatz in Anspruch zu nehmen und von dem Auftragswesen und Verkaufsmöglichkeiten des Verbandes zu profitieren.
Da die Vermittlung staatlicher Aufträge, die Befürwortung von Projekten und die Gewährung von Ausstellungsmöglichkeiten ausschließlich über den Verband abgewickelt wurden, kam diesem eine zunftähnliche Monopolstellung zu.
Herbst et al. 1994.

NATIONALE VOLKSARMEE
»Den schicken wir mal zur Reserve und bringen ihm Manieren bei«

»Aufgenommen in den Verband wurde ich 1976 oder 77, und es war ein Zeitpunkt, der für mich außerordentlich wichtig war, sogar lebensrettend. Ich war das erste Mal als Soldat Reservist. Das verlief so unglücklich. Ich wurde zum Reservisten gemacht, um aus mir einen anständigen Menschen zu machen. Meine freiberufliche Tätigkeit war nicht unbeobachtet geblieben. Die Obrigkeit sagte: „Den schicken wir mal jetzt zur Reserve und bringen ihm Manieren bei". Ich wollte das verhindern. Es ist mir nicht gelungen, und ich war schneller in Uniform hinter einem zufallenden Tor als gedacht. Ich habe dort sofort einen neuen Kampf begonnen, in dem ich den höchsten Vorgesetzten aufgesucht habe, um ihm zu sagen, dass ich nicht gewillt war, hier zu bleiben. Ich habe gesagt, dass ist einfach erklärbar, er möchte mich hier herauslassen. Ich befinde mich auf dem Wege, das Malen zu erlernen. Ich wusste, dass ich damit auf kein Verständnis stoße. Ich wollte mich auf folgendes berufen.

Harald Becker 1969 bei der NVA

Ich habe kein Geld, und wenn ich jetzt hier ein Vierteljahr bin, kann ich nicht für unsere Familie sorgen. Wir haben Schulden und die müssen beglichen werden und ich verlange, dass ich innerhalb einer Woche entweder schriftlich bestätigt bekomme, dass ein Ausgleich gezahlt wird oder ich hau hier ab. Ich gehe über den Zaun. Ich muss dazu erklären, es wurde langsam modern, wenn etwas innerhalb der DDR nicht mehr funktionierte, es in politische Zusammenhänge zu bringen und die Ausreise in den Westen zu verlangen und zu beantragen. Das habe ich da gleich mit dran gehängt, dass ich in Folge meine Ausbürgerung beantragen werde. Ich sehe in der DDR keine Möglichkeit, das Malen zu lernen. Das hat gereicht. Einen Tag später sah ich mich erneut einer Jury gegenüber, die mich befragte nach dem wer und dem wohin. Ich habe so locker, so ehrlich und frei alle Fragen beantwortet, dass mich in einer Pause der höchste Dienstvorgesetzte in meiner militärischen Einheit zur Seite nahm, womit er selbst seine Karriere aufs Spiel setzte, und sagte: „Ich will nicht viel sagen. Sie können sich vorstellen, wer diese Leute sind. Seien sie bitte nicht so ehrlich in ihren Antworten". Das hat mich gerührt, weil ich in einer Gruppe mir feindlich gesonnener Menschen einen hatte, der mir gut gesonnen war. Ich habe so weiter gemacht und es hat dazu geführt, dass ich nach einer Woche schrift ich Bescheid bekam, dass an mich pro Monat 350 Mark ausbezahlt werden. Das war schön. Ich brauchte meine Heimat nicht zu verlassen und habe mich dann das Vierteljahr über die Runden gequält, mit viel Arrest. Ich war dann draußen und habe nicht lange gebraucht meine Dinge neu anzupacken. Ich musste dann nach einer Einladung zum Finanzamt erfahren, dass ich dem Staat dreimal 350 Mark schulde, die müsste ich jetzt zurückzahlen. Der Staat hatte mir das Geld geliehen. Interessant war, dass die Stasi in unserem Haus herumgeschnüffelt hatte und ebenfalls meine Frau Heike vor eine Kommission geladen wurde. Mit der sind sie anders umgesprungen. Es folgte ein zweiter Reservedienst. Den hatte ich nicht gut überstanden.«

Das Foto, das Harald Becker von seiner Ehefrau im Spind bei der NVA hatte

Harald Becker und Ehefrau Heike 1989

Harald Becker mit Kampfhahn 1988

Brief von der Armee vom 10. März 1984

*Meine liebe Heike,
habe gerade zwei gute Briefe von Euch bekommen. Einer von beiden hängt gefaltet, so dass ein mir großen Mut machender Satz von Matthias zu lesen ist, in der Schranktür über dem Foto einer schönen Frau – mit gesundem, ehrlichen Lächeln, das mich stark macht und jeden Lumpen, der den Schrank öffnet, erschüttern muss. Dank Euch.
Heike, komm bitte nicht nächstes Wochenende! Es kann sein, dass ich gerade meine fünf Tage absitze. Wann ich meinen Arrest antreten werde, es wird ein Wochenende drin sein. Es wäre eine große Qual für mich, wenn ich später erfahre, dass Du hier gewesen bist. Warte das erst ab! Nach Abbüßung der Strafe komme ich bald nach Meetzen. Noch einmal: Für Arrestanten gibt es keinen Besuch.
Dir geht es wie mir, mit unserer humanen Denkweise kommt man hier nicht weit. Dies ist Militär mit seiner besonderen (man kann es schwer begreifen) Ordnung. Hier kann mich jeder Dummkopf, jeder Esel, für einen solchen halten – mir in den Hintern treten, wenn er mir im Dienstrang höher ist.
Draußen scheint die herrliche Märzsonne und in meiner dunklen Ecke zerreißt mir die Sehnsucht das Herz. Ich muss noch sechsundvierzig Tage stark, stark sein. Das geht anderen auch so. Es entwickelt sich viel Neid untereinander.
Heike, schreib mir mal, was unsere Hähnchen machen. Ich vergaß zu fragen. Schicke mir bitte zwei Faltblätter meiner Ausstellungen (mittlere Borte rechts), ein Berliner und ein Schweriner.
Und noch eine Bitte: Lass meine weißen Schuhe reparieren. Sie brauchen nur genäht werden. Dieses schreibe ich am Sonntag am Spätnachmittag. Jetzt habe ich diesen Tag geschafft – 45!
Habe gerade ein gutes Gefühl im Bauch, was erfahrungsgemäß nicht lange anhält. Freu mich auf mein Päckchen (sicher kommt es morgen). John hat mir ein kleines Hosentaschenkunstbuch gemacht und geschickt, Hugo eine Reproduktion eines Bildes von mir und die beiden Briefe von Euch beiden. Noch Freunde, die an mich denken. Das ist wichtig für mich.
Ich küsse Euch
Harald*

Brief von der Armee vom 15. März 1984

*Lieber Hugo, liebe Susanne!
Die hat mir gut gefallen, die Postkarte mit der kleinen Reproduktion! Hängt jetzt an der Schranktür unter dem großen Foto von Heike im Schrank, so dass mich, wenn ich ihn öffne, zunächst ein gesundes ehrliches Lächeln erreicht bis tief ins Mark und andere erschüttern muss (es finden Schrankkontrollen statt). Auch von Dir, Hugo, ja, und dann noch in paar andere Fotos, die für mich hier einen großen Wert haben, Dank dafür! Es sind so wenig Dinge, aus denen man hier schöpfen kann. Dazu gehören jetzt ein paar Zeilen von Dir. Ein großer Schatz. Ich habe mir hier erlaubt, auf das Wohl meiner Freunde, und in aller Bescheidenheit, auf mein eigenes zu trinken. Für der letzten wurde ich vorläufig festgenommen, gestern bestraft und warte ich auf meine mir ausgesprochnen fünf Tage in schwarz mit einer Decke.
Draußen macht die Märzsonne viel Licht, gerade so, wie auf dem Bild (Postkarte). Ich weiß, warum ich mir mein Bett (eine von zehn Möglichkeiten) in der dunkelsten Ecke des Zimmers ausgewählt habe. Die Sehnsucht zerreißt mir das Herz. In meiner dunklen Ecke schmerzt das nicht so. Man kann leichter resignieren. Eine Erkältung will seit meiner Einberufung meinen Körper nicht verlassen und ich muss mich beherrschen, nicht über den Zaun zu steigen. Ich versteh nichts und bin wirr im Kopf. Ich sehe die Zusammenhänge und wie alles so funktionieren kann. Dann sehe ich Verbrecher, Halunken, Gewalt und wie jeder einen Schwächeren braucht, und dass hier für jeden ein Schwächerer da ist. Dann sehe ich die Ausgezeichneten. Mit dieser Sicht geht mir jede Hoffnung ab. Grausam, diese aufgezwungene Nähe zu Menschen, die man nicht mag und deren schlechte Luft man atmen muss.
Drei Monate sind eine lange Zeit und meine Kraft muss noch lange reichen. Ich beglückwünsche Euch für die vielen Dinge, die Euch umgeben und beneide Euch zugleich um die Reize, die von ihnen ausgehen. Verzeiht, von hier aus wirkt alles so vergänglich, so unheimlich bemessen.
Ich umarme Euch
herzlichst Harald*

ZWISCHENBILANZ

Seit Januar traf ich mich mit Harald Becker in regelmäßigen Abständen und im Juni legte ich ihm einen ersten Entwurf des Textes vor. Er zeigte sich gerührt über seine eigenen Schilderungen der Kindheit und den Inhalt der Armeebriefe. Wir waren uns einig, dass ich nur noch wenige Ergänzungen vornehmen musste, die wir uns im Sommer erarbeiteten.

Mittags wurden die langen Gespräche auf das Angenehmste unterbrochen, wenn uns Heike Becker zum gemeinsamen Mittagessen in die Küche rief. Köstlich duftete die gehaltvolle Hühnersuppe mit Nudeln und Möhren, die Königsberger Klopse mit roter Bete oder die gebratenen Heringe mit Stampfkartoffeln und grünem Salat. Die Kirschen mit Vanillesoße mundeten vorzüglich, ebenso der türkische Kaffee. Gerichte, die mich stark an das Essen in meiner Kindheit erinnerten und mir so behagten, wie heute die italienische oder französische Küche.

Da ich selbst nur einen Teil der Bilder direkt aufnehmen konnte, musste ich auf die Bemühungen der Bildbesitzer zurückgreifen. Als wichtigster Zulieferer erwies sich, neben Dr. Böttger aus Lübeck mit fünfzehn Vorlagen, Wolfgang Buchholz aus München mit über dreißig in guter Qualität abgelichteter Bilder. Alle anderen Gemälde mussten nach mühsamer Recherche bei den verschiedenen Besitzern einzeln fotografiert werden. Als besonders schwierig erwies sich die Suche nach den frühen Bildern von Harald Becker, die als öffentliche Aufträge gemalt wurden und dann ihren Platz in Betrieben, beim Freien Deutschen Gewerkschaftsbund oder in einer Kreisleitung der SED gefunden hatten. Beispielsweise wusste Harald Becker, dass das Bild von dem Kreistagsabgeordneten Rehbein seinen Aufenthaltsort in der Kreisleitung der SED in Gadebusch erhielt. Angeblich hatte die Nachfolgeorganisation, die PDS, das gesamte Inventar aus dem ehemaligen großen Gebäude, im Volksmund Kreml genannt, übernommen. Unsere Nachfragen führten zu dem Ergebnis, dass das Bild in dem jetzt zerstörten Gebäude geblieben sein sollte. Der neue Besitzer des Gebäudes, ein Versicherungsunternehmen, wusste nichts über den Verbleib des Bildes. Besser erging es mir mit dem Bild des ehemaligen Direktors des Kabelwerkes Schwerin, Herrn Dietrich Stölmacker. Dieses schuf Harald Becker 1981 als Auftrag im Kabelwerk. Es verblieb im Büro von Herrn Stölmacker und wurde ihm bei seiner Verabschiedung durch die Firma Siemens übereignet. Dieses Porträt war es, das Herrn Buchholz bei der Übernahme des Kabelwerkes durch die Firma Siemens veranlasste, zu Harald Becker Kontakt aufzunehmen. Heute hängt das Bild in einem schönen goldenen Rahmen an einem Ehrenplatz der Familie Stölmacker in ihrer Schweriner Wohnung.

Insgesamt gelang es mir, Vorlagen für 120 Gemälde zu erstellen. Leider waren neben einigen Privatpersonen Museen nicht bereit oder in der Lage, entsprechende Reproduktionen zu liefern, unter anderem das Museum Moritzburg in Halle, das ein besonders gutes Hallenser Brückenbild in seinem Besitz hat. Ein vollständiges Oeuvre der Bilder von Harald Becker wollte ich nicht erstellen. Nach Angaben von Harald Becker existieren etwa 200 weitere Bilder an den verschiedenen Standorten.

VERBAND BILDENDER KÜNSTLER DER DDR
»Von hinten wurden ideologische Versuche durchgereicht«

»Als mir die Entscheidung über die Aufnahme in den Verband mitgeteilt wurde, musste ich rausgehen und in der Zeit tranken sie einen Schnaps und rauchten eine Zigarre. Ich wurde aufgenommen und erhielt den Ausweis des Verbandes. Das hatte finanzielle Konsequenzen, denn in der DDR wurde viel Geld für Kunst ausgegeben und bereitgestellt. Man hatte einen sozialen Status, und die Mehrzahl hat von staatlichen Aufträgen gelebt. Die Aufträge wurden durch den Verband verteilt. Ich hatte das Glück in einer Zeit in den Verband zu kommen, wo die Ideologie weit hinten kam. Es wurden von hinten ideologische Versuche durchgereicht, die nicht ankamen und die keine Kraft und keine Wirkung hatten. Ich selbst bin Zeuge. Mein Anliegen war, Malen zu lernen und Bilder zu machen. Das konnte ich ungehindert tun. Kurz gesagt, ich habe gemacht, was ich glaubte machen zu müssen.

Ich war später selber Mitglied in einer Aufnahmejury des Verbandes. Da ging es mir ähnlich, wie mein Vater seinen Vater zitierte: „Mach einen Landstreicher zu einem Gendarmen, dann haben die Landstreicher nichts mehr zu lachen". Ich musste mich entscheiden, es ernsthaft zu nehmen oder mehr im christlichen Sinne, soll er mal malen und er bekommt mein Amen. Ich habe mich den Leuten gegenüber verhalten, wie ich mich selbst kritisch betrachte. Meine Kollegen haben gemeckert, ich habe meine Meinung, die nicht zu Papier gebracht wurde, öffentlich kundgetan. Das war der Zeitpunkt in einer spätpubertären Anwandlung in der ich meinte man müsste eine gemeinsame Sprache finden.«

MALEREI
»Ich habe mich als das personifizierte Glück empfunden«

»Ich habe Ende der siebziger und Anfang der achtziger Jahre verkündet, dass ich ein Mensch bin, der viel Glück hat, dass ich mich teilweise als das personifizierte Glück empfunden habe.

Harald Becker und Joachim John 1986

Harald Becker mit Joachim John 1988

Dazu gehörten zum Beispiel die Begegnungen mit Joachim John. Dass John hier bei mir wöchentlich einmal auftauchte, nachdem er mich aufgestöbert hatte, habe ich als Glück betrachtet. Dazu gehörte dann eine spätere Begegnung mit Walek Neumann. Der war wie John, der mir im Sog seiner Bewegungen die Welt hinter sich her zog, da waren der Duft und die Klänge und was er zu berichten hatte, war die Welt. Das war mit Personen verbunden. Er nannte einen Namen, der lebte nicht mehr und den anderen kannte man aus der Literatur. Der hat gesagt und der hat gemacht. Es war die Welt und zusätzlich Glück. Später, das heißt jetzt, ordne ich das anders ein. Glück habe ich nicht gehabt, höchstens eine Kette von glücklichen Umständen, die sich organisierten. Ich weiß jetzt, dass ich nie ein glücklicher Mensch war, mich selten in glücklichen Umständen befunden habe.

Diese beiden Kollegen, Neumann und John, haben mir eine glaubwürdige Achtung entgegengebracht, die für mich förderlich war, weil man im Leben nicht herausfinden kann, ob man das Richtige macht. Dazu gehören Christine Stäps und Willy Günther.«

Joachim John

Geboren 1933 in Nordböhmen und bis 1945 dort gelebt. 1955 – 19059 Universität Greifswald, Institut für Kunsterziehung bei L. H. Wegehaupt. Gehörte zum Schülerkreis von O. Niemeyer-Holstein. 1963 – 1965 Meisterschüler an der Akademie der Künste Berlin bei Hans Theo Richter. 1986 Mitglied der Akademie der Künste Berlin. 1990 Gastprofessur an der Gesamthochschule Kassel. Sein Hauptarbeitsgebiet ist die Zeichnung. (Max Beckmann in Südamerika, zu Schillers Wilhelm Tell, Heiner Müller Der Aufstieg, Blätter zur französischen Revolution).

Zahlreiche Preise: 1985 Käthe-Kollwitz-Preis der Akademie der Künste der DDR, 1996 Helen-Abbott-Förderpreis für Bildende Kunst, 1998 Kulturpreis des Landes Mecklenburg-Vorpommern.

Am 14. Juni 2007 Eröffnung einer Ausstellung in Schwerin mit Gemälden unter Thematik »Ikarus in der Remise«. John schreibt dazu in dem Faltblatt zur Ausstellung:

„Nach einem langen Zeichnerleben begann ich im 70. Lebensjahr ernsthaft mit der Malerei. Hemmend zeigen sich die Kenntnis aller Bildsprachen des 20. Jahrhunderts und das jahrzehntelange Bewundern in Museen und Kunstbüchern. 2005 nahm ich teil an einer Ausstellung, die in mehreren deutschen Städten zu sehen war, 'West-Östlicher Ikarus. Ein Mythos im geteilten Deutschland'. Die drei dort gezeigten Bilder gibt es nicht mehr, die Leinwände habe

ich mit dem gleichen Motiv übermalt. Der alle Zeitzeugen betreffende Untergang eines Weltreiches ist durch die Bildkunst kaum beschrieben. Das bildliche Beschreiben von Wirklichkeit wird von vielen als unmodern verachtet.'
John lebt in Neu Frauenmark Mecklenburg

HALLE
»Halle war eine wichtige Zeit für mich«

»Was mir fehlte in Meetzen war das Arbeiten nach Modell und des Weiteren fehlte mir dringend das Gegenstück zum Lande. So seltsam es sich anhört, ich kannte die Stadt als Ding. Ich habe sie nie erlebt. Halle war für mich der Inbegriff der Stadt. Sie hatte alle Attribute, die eine Stadt ausmachen, quietschende Straßenbahnen, enge Straßenschluchten, Gestank und Lärm und in der Umgebung die Chemiekombinate. Das bekam ich alles durch den Walek Neumann, der mir dort sein Atelier gab. Dort habe ich gelebt. Valek Neumann hatte mir dann 1,5 kg Earl Grey aus dem Intershop dort hingestellt, ebenso Wein und Kognak. Die Grundversorgung war gesichert. Durch Halle lernte ich die Stadt und Menschen kennen. Wir haben über den Tag hin zusammen gemalt, mal gesoffen. Abends ist er nach Hause gefahren und ich habe da dann figürlich gemalt. Modelle zu bekommen, das war leicht. Halle ist eine Universitätsstadt, die ich als einen riesigen Kochtopf erlebte, der überbrodelte, statt Möhren fielen junge Mädchen heraus, es schäumte und kochte über. Ich setzte mich in das Kaffee Corso und wartete und lernte in kurzer Zeit zehn Leute kennen. Im Übrigen war ich nach der Wende noch einmal in Halle, da stand der Eintopfkessel auf dem Herd. Die Suppe faulte in sich. Diese brodelnde Gier nach Leben und Sehnsucht gab es nicht mehr und die schönen prallen Möhren fielen nicht mehr über den Rand.«

Walek Neumann

Walek Neumann wurde 1940 in Raspenau bei Friedland geboren. Mit fünf Jahren erlebte er die Vertreibung der Familie nach Bischdorf in der Lausitz. Mit 20 begann er ein Studium an der Hochschule für Grafik und Buchkunst in Leipzig, wo u. a. Prof. Wolfgang Mattheuer und Prof. G. K. Müller zu seinen Lehrern zählten. Mittlerweile arbeitet Walek Neumann seit über 40 Jahren als freiberuflicher Maler und Grafiker, zunächst in Halle/Saale, dann in Isny im Allgäu und seit März 2007 in Leipzig. Neben seiner grafischen Arbeit – er schuf rund 50 Holzschnitte und ist Mitautor zahlreicher druckgrafischer Mappenwerke – entdeckte er die Freilichtmalerei für sich. Zunächst malte

Geiststraße in Halle, 1981

er mit Ölfarben, ab 1989 entstanden Aquarellgouachen. 2002 begann er mit den Malreisen ins Isergebirge.
Die Sonderausstellung „Zwischen Iser und Wittig" im Isergebirgs-Museum Neugablonz zeigt vom 12. Juli bis 28. Oktober 2007 insgesamt 40 Werke mit unterschiedlichsten Sichtweisen.
Walek Neumann lebt seit 2007 in Leipzig.

»Zwischen dem Acker und der Geiststraße habe ich keinen Unterschied empfunden«

»Wenn ich das Bild Geiststraße in Halle anschaue, habe ich ein gutes Gefühl. Mit der sinnlichen Reproduktion habe ich sofort die Erinnerung, denn in Halle habe ich ausschließlich Pleinair gemalt, in der Natur wollte ich gerade sagen, Halle ist das Gegenstück zur Natur. Sagen wir im weitesten Sinne Kulturlandschaft. Ich erinnere mich an diese Straße, an diese Person, die hier angedeutet als blauer Fleck zu sehen ist. Die Wahrheit im Bild dieser Straße, dieses Flecken Erde, Halle, Kreuzungspunkt Geiststraße und einer Querstraße, ist der Rhythmus der Bewegung. Ich erinnere mich aus dem Grunde, weil ich die Leute, die dort gingen, beobachtet habe. Es waren viel mehr, als hier Striche zu sehen sind. Für mich war es Glück, dass ich dort stehen konnte und diese andere Welt für mich erstaunlicherweise verständlich war, wie diese Geiststraße. Ich habe zwischen dem Acker, der mich sonst umgibt, und der Geiststraße keinen Unterschied gefunden. Das eine formuliert sich so und das andere so. Für mich, der die Stadt nicht kennt, war die Situation vertraut. Die Situation, die bestand, als ich dieses Bild malte, ist für einen Maler eine unwirkliche. Ich hatte es hier lange gelernt, innerhalb der mir zur Verfügung stehenden Zeit mein

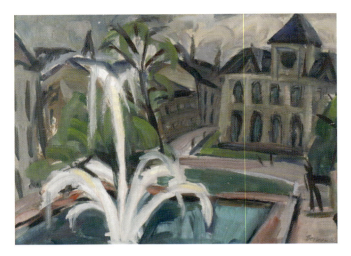
Halle, 1982

Kirchner, Der Rote Turm in Halle, 1915

Bild zu malen. Ich meine, die komplett fertige Anlage und es war dann hier und dort noch ein weißer Fleck wegzumachen oder das Bild musste beseitigt werden. Das ist das Risiko bei dieser Art Pleinair-Malerei. Wenn man auf einem Gehweg steht mit einem Bild von dem ich meine, dass es 90 mal 72 groß ist. Da hat man zwei Drittel oder drei Viertel dieses Bürgersteiges besetzt und das ist in einer dicht frequentierten Straße nur möglich, wenn die Menschen zu diesem Zeitpunkt mehr Werktätige waren, die in Schichtarbeit tätig waren um Halle herum. Weil diese Leute durch ihre Arbeit noch mit der Erde Kontakt hatten, unter menschenunwürdigen Bedingungen aus heutiger westlicher Welt, durch den Werkstoff, den sie bearbeiteten. Ob das eine ätzende Chemieplörre oder in einem Tagebau war, sie hatten einen Bezug zur Kunst. Es war möglich, zu dieser Zeit dort zu stehen und zu malen, ohne dass man vom Strom ständig umgerissen wurde. Es gab eine wechselseitige Achtung, die über den Kontakt zur Erde möglich war.

Ich habe es später nach der Wende anders erlebt. Wandernde Kunstfreunde in der Landschaft sind unhöflicher und rabiater, obwohl links und rechts mehr Platz ist als in der Geiststraße. Als ich am Schaalsee gemalt habe, kamen Wandersleute vorbei und machten den Kofferraum von meinem Wagen auf, der in der Nähe stand. Mit einem Hechtsprung bin ich hin und ich habe Glück gehabt, dass der seine Finger rausgekriegt hat, sonst hätte ich die ihm wie mit einer Guillotine abgehackt. Im Nachdenken habe ich begriffen, dass eine andere Zeit begonnen hat. Wenn einer draußen steht und außer sich selbst noch ein Ding in der Hand hat, hält er etwas feil. Es wird alles unter dem marktwirtschaftlichen Aspekt betrachtet. Wenn einer dort steht und malt, dann will er verkaufen. Meine Reaktion war überstark, ich hätte nachsichtiger sein sollen.«

»Ein Klecks Farbe mit Benzin auf dem Bild hin- und hergeschoben«

»Ende der siebziger Jahre war ich erschüttert und begeistert, als ich das erste Mal vor einem Kirchner-Original stand. Das war in Halle. Die Galerie Moritzburg besaß eine gute Sammlung der Brückemaler. Bei Kirchner erinnere ich mich an Badende zwischen Bäumen, und man bleibt da nicht unbeschadet, wenn man diese großartige Geste erlebt. Die Bilder sind eindeutig, klar erschließbar und rein in sich, dass merkt man, an wie viel Ecken man selbst noch rumsuppelt. Eines bleibt, da kann man sich nicht gegen wehren, die Faszination dieser Sprache. Wenn ich in Halle zu Fuß durch die Stadt gegangen oder mit der Straßenbahn gefahren bin mit einem mit Ölfarbe beschmerten Segel, war es nicht ungefährlich, so dass ich dort die Lösung gefunden hatte, mit Benzin als Lösungsmittel zu malen. Die Pinselstriche blieben extrem sichtbar. Das ging soweit, dass ich einen Klecks Farbe aufgetragen habe und den mit Benzin auf dem Bild hin- und hergeschoben habe. Ich habe eher mit Benzin die Leinwand sauber gewaschen, als dass ich Farbe aufgetragen habe. Das mit dem Kirchnerbild steckte im Hinterkopf und wenn etwas entsteht, dass sich im Hinterkopf rumspiegelt, hat man ein gutes Gefühl. Bei mir ist es beides, der technische Ablauf und die Erinnerung an Kirchner. Ich hatte von da an den Titel weggehabt. Das hat mich zunächst nicht gestört, später mehr. Die Betrachtungen von Hela Baudis und Rudolph stammten aus dieser Zeit. Das ging soweit, dass John, als er bei mir zu Besuch war ich zeigte ihm das neueste, was ich gemacht hatte mir die Hand gnädig auf die Schulter legte und sagte: „Willkommen im Kreis der Expressionisten". Das war eine heitere Spitze.«

Kunstkritik

„Wer glaubt, dass der autodidaktische Künstler Becker, der ‚Naturbursche', mit der Großstadt nichts anzufangen weiß, irrt gründlich. Bei Aufenthalten in Halle sind Bilder entstanden, eine ganze Anzahl, die einen ebenso vitalen Zugriff im Erleben verraten wie bei den zu Hause gemalten. Wie dort hat er sich in Halle begierig mit Staffelei und Malkasten auf die Straße gestellt und seine Leinwände schnell mit Porträts ihrer alten Züge gefüllt, mit Vorliebe für Brückensituationen. Das Gefühl des gleichzeitig Angezogen- und Abgestoßenseins beim Erleben der Stadt hat sich für das Entstehen dieser Bilder gleichermaßen tragend erwiesen, wie es bei den Malern der ‚Brücke' besonders in deren Berliner Zeit der Fall war. Im Gegensatz zu Kirchner beispielsweise ist Beckers Formensprache im Verhältnis zu den ‚Naturbildern' jedoch nicht zugespitzter, nicht aggressiver geworden: Dem Aufprall der Sinne folgt nicht der süße und entsetzte Schrei. Seine Begegnung mit der Großstadt scheint gelassener, weil unprogrammatisch, mehr spielerisch. So entstanden hier einige seiner bisher besten Bilder. Jeder rechte Winkel ist vermieden, der ganze unruhige Rhythmus urbanen Lebens ist eingefangen. Becker sieht viele Details, denen er kurz entschlossen die Andeutung ihrer Gestalt gibt, oft mit einem einzigen Pinselstrich, aber sie sind dann im Bilde, bei isolierter Betrachtung nicht mehr als Zeichen ihrer Gegenständlichkeit identifizierbar und sollen das auch nicht. Eine tatsächliche Gestalt trägt das Bildganze, und darin erschließen sich Sinn und Bedeutung ihrer Elemente. Der relativen Unruhe in der linearen Komposition vieler seiner Hallenser Bilder steht eine erstaunlich ausgewogene Farbigkeit gegenüber und bei, die sich hier in meist zurückhaltenden Klängen gibt und von hoher Wahrnehmungs- und Empfindungsfähigkeit spricht. Charakteristisch sind solche Arbeiten wie ‚Geiststraße in Halle' (1981) und (1982) mit einer dunklen kompakten Farbstufung in hervorragend feinen Brechungen. Gerade in diesen Stadtlandschaften äußert sich der kraftvollen Individualismus der Malerei Beckers besonders. Er zeigt sich auffällig im lebendigen Kontrastieren und Zusammenklang der zwei Hauptmomente seines Bildermachens: Ein oft waghalsiges, dynamisches Raumgefüge — hervorgehend aus der Ausschließlichkeit pleinairistischer Spontaneität und schneller Arbeitsweise, was sich als typischer Duktus des Pinsels im Sinne von ‚Erkennbarkeit' niedergeschlagen hat — und — ein mit frappierender innerer Sicherheit gehandhabtes Farbempfinden, die ursprüngliche und bereits ausgereifte malerische Begabung."

Ulrich Rudolph

„In den Allee- und Baumbildern, noch mehr in den Großstadtbildern von Halle, glaubt man in Becker einen Schüler des „Brücke-Malers" Ernst Ludwig Kirchner zu begegnen. Perspektivische Sichten, räumliche Dynamik, lebhaft bewegte, nuancierte Farben spontan gesetzt, lassen erkennen, wie stark der junge Maler sich von expressionistischen Gestaltungsprinzipien inspiriert fühlt. Gerade der starke Ausdrucksgehalt und die sehr gesteigerte Farb- und Formensprache kommen seinen emotionalen Intentionen entgegen. Mit dem künstlerischen Erbe der Vergangenheit bewusst umzugehen, es nicht als unantastbares Heiligtum zu begreifen, hält Becker für sich nützlich. Hier gilt es zu sehen, zu lernen, zu probieren, bis die eigene Form sich rundet. Die Straßenszenen von Halle zeigen jene bildnerische Verwandtschaft zu Kirchner deutlich. Zwei Künstler erfahren diese Stadt unter unterschiedlichen gesellschaftlichen und persönlichen Situationen. Kirchner erlebte Halle 1914 als Soldat, Becker 1981 während eines Besuchs bei Malerfreunden. Für Kirchner war diese Stadt am Beginn des ersten Weltkrieges mit Angst und Ungewissheit gepaart, für Becker, den Maler vom Dorf, hat sie nichts Erschreckendes, ist kein Ungeheuer. Und doch, Hektik, das Gefühl der Anonymität, der Einsamkeit inmitten der Menschen machen sie für ihn zum turbulenten Reizpunkt. So werden, die teils dunkelfarbigen Hallebilder, die er direkt und rasch auf der Straße malt, Ausdruck persönlicher Reibung mit der Wirklichkeit. Schiefe, fast vornüberfallende eng aneinandergereihte Häuser sind nicht malerische Raffinesse, sondern empfundene Realität."

Hela Baudis

TECHNIK
»Meine Leinwände hergestellt wie Rembrandt«

»Das theoretische Wissen ist das auf Erfahrung basierte Wissen. Frag mich nach Daten der Kunstgeschichte, da komme ich ins Stottern. Das Handwerk habe ich mir bei Handwerkern gesucht. Spät bekam ich aus der Schweiz den „Doerner", die Handwerksbibel für die bildende Kunst. Da wusste ich siebzig zu tausend vorzuleimen, damit die Leinwand flexibel bleibt, eine Sperrschicht hat, den nächstfolgenden Grund, den Weißgrund, nicht ins Gewebe durchzulassen. Grundiert habe ich mit Halbkreidegründen. Halbkreidegrund heißt: Es ist ein geringer Anteil Leinöl enthalten, um eine Flexibilität der Leinwand zu erreichen, denn oft habe ich auf Reisen die Leinwände zusammengerollt und transportiert und neu gespannt. Das kann man dann machen, wenn das eine solide handwerkliche Grundlage hat. Meine Leinwände habe ich behandelt und hergestellt, wie sie sich ein Rembrandt hergestellt hat. Da hat sich bis heute, wenn es um Qualität geht, nichts gewandelt. Es

Charlottenburger Schloss, 2005

sind bestimmte Kreidesorten, tierischer Leim, gutes Öl, Leinölfirnis in dem Fall und um ein Weiß herzustellen, ein Anteil an Zinkweiß oder ich habe gerne Titanweiß genommen, weil John an verschiedenen Stellen sagte: Zinkweiß soll nach fünfzig oder hundert Jahren schwarz werden. Das musste ich glauben und ich habe dann Titanweiß genommen wegen seiner höheren Deckkraft, damit der Malgrund weiß wird. Wie man es macht, das habe ich gesucht und da habe ich Handwerker gesucht. Als ich dann später Mitglied des Verbandes Bildender Künstler wurde und Gelegenheit hatte mit meinen Kollegen zusammenzuarbeiten, habe ich festgestellt: Malgründe bestehen aus Latex oder latexähnlichen Kaseingründen mit wohlklingenden Namen aus Holland. Die Kollegen haben zumindest auf der handwerklichen Ebene tüchtig versagt.«

MALEREI
»Ein falscher Fleck ist grausam«

»Das Charlottenburger Schloss ist eines meiner letzten Bilder. Mehr als auf dem Bild ist, kann ich nicht, nicht aus diesem furchtbaren märkischen Schlossbau. Das Bild hätte ich vor dreißig Jahren nicht malen können. Ich hätte Tage, Wochen und Monate gebraucht.
Jetzt habe ich das bescheidene Wissen um Dinge, die man sein lässt, Erfahrung. Man unterlässt Fehler. Ein falscher Fleck in der Malerei ist grausam, weil er das ökologische Gleichgewicht zerstört. Man kann ihn nicht als Störenfried ausmachen und fängt an, an den anderen unschuldigen Dingen herumzukratzen. Bis man ihn ausfindig gemacht hat, ist das Bild kaputt. Wenn man Erfahrung hat, vermeidet man diverse solcher falschen Flecken oder Striche. Ich bin noch ein Landschaftsmaler. Ich habe mein Handwerk gelernt. Ich bin in der Lage, unabhängig davon was um mich herum geschieht, mich in der Natur auf eine andere Ebene zu bringen. Das ist diese Zeitspanne. Das hat mit dem Licht zu tun, mit der Kraft oder beides, mit dem Licht mit Sicherheit. In zwei Stunden ist in der Landschaft alles anders. Konzentration heißt, die Luft einzuatmen, die sich über diesem Kreuzungspunkt des Längen- und Breitengrades auf Minute und Sekunde befindet. Wenn man diese Luft einatmet, kann man sie mit dem Pinsel ausatmen. Das ist das, was man lernen kann. Das ist der Sinn, den die Pleinair-Malerei ausmacht. Den Baum, der im Bild eine Diagonale ist, richtig zu setzen, ist im Atelier leichter getan als vor der Natur, denn die Kräfte, die einen beeindrucken, lenken einen genug ab. Die Impressionisten haben oft keine guten Kompositionen geliefert, weil sie großzügig die Diagonalen setzten unter dem Eindruck der natürlichen Gewalten.«

BERLIN
»Dem runden Apfelarsch hinterhergelaufen«

»Veronika Wagner habe ich auf einer Ausstellung in Berlin kennengelernt. Da stellten Mecklenburger und Berliner Künstler gemeinsam aus. Die Ausstellung lief ab, wie ich es kannte. Es gab erst seriöse Einführungen und Reden von Kunstwissenschaftlern. Alle standen brav, hörten zu, tranken ein paar Gläschen, und dann fing es allmählich an auszuschweifen. Dann gab es eine Führerin, Veronika Wagner, mit einem schönen Apfelarsch, der von einem dünnen seidigen Kleid umschmeichelt war. Sie zog, und das war für mich faszinierend, aus der Gegend Alexanderplatz quer über die Friedhöfe und durch Zäune durch. Die kannte überall Latten, die lose waren. Ich bin wie ein Köter, der nicht anders kann und der in der Evolution seine Aufgabe hat, hintergelaufen, durch Zäune und über Gräber. Und dann waren wir in Veronika Wagners Wohnung und dort haben wir spanisch getanzt. Dieser Tanz dauerte dann ein paar Jahre. Für mich war das außerordentlich wichtig. Ich als Mann, der versuchte in die Welt zu ziehen, habe mich dort wie ein kleiner Junge geängstigt. Die Veronika hat mich wie eine Mama unter den Arm genommen und mich in dieser Welt beschützt. Wichtig war es, weil ich drauf und dran war, die Meisterschülerschaft an der Akademie der Künste in Berlin zu kündigen. Berlin war, nicht räumlich gesehen, das Höchste was man innerhalb der DDR erreichen konnte. Über Berlin ging nichts mehr. Berlin war Welt. Was ich zu erwarten hatte von dem Höchsten, dem Ort Berlin, hatte ich erlebt, und ich war im Begriff, diese Meisterschülerzeit zu kündigen. Dann gab mir der Stötzer einen letzten Anstoß bei einer Ausstellungseröffnung. Der Stötzer hat zu mir gesagt, das wäre arrogant. Diese Gelegenheit würden sich viele Maler wünschen. Das hat für mich sofort Klarheit geschaffen. Das habe ich jetzt und das hat für mich Pflichten. Das waren dann zwei Jahre und es gab noch eine Verlängerung, weil ich ein hoffnungsvoller Künstler war. Die Verlängerung war für mich insofern bedeutungsvoll, weil ich erst in der Verlängerung das erste Mal nach Westberlin ausreisen durfte. Das war das Privileg der Meisterschüler und der Akademiemitglieder. Berlin war eine richtige klassische Zäsur. Das habe ich dann ordentlich gemacht, und habe Haus und Hof verlassen, und bin nach Berlin gezogen. Da war ich und habe gedacht, jetzt werde ich mal sehen was passiert.«

Veronika Wagner und Harald Becker 1987

Veronika Wagner

Veronika Wagner wurde 1949 in Seebach, Thüringen, geboren. Studierte Germanistik an der Pädagogischen Hochschule Erfurt und Malerei an der Kunsthochschule Berlin. Seit 1976 freiberuflich in Berlin tätig als Malerin und Grafikerin. 1978 Förderstipendium in Potsdam. 1987 Mitbegründerin »Stadtbilder in Berlin«. 1990 – 1997 Kursleiterin an der Sommerakademie für freie Malerei in Marburg. Lebt in Berlin.

Philosophie

Das Richtige und das Falsche
sind die in unserem Kulturkreis durch die Prädikate ausgezeichnet oder ungenügend bemessenen, so genannten Leistungen. So wird der Raum des vermeintlich Falschen eingeengt, auf das es sich nicht im größeren Zusammenhang erklären kann. Versuchen zu sehen, was die Dinge haben, denn sie verbleiben in ihrer Eingeschränktheit, wie sie durch die fehlenden Bezüge nicht sein können. Man nimmt sich so viel, wie man glaubt, was den Dingen fehlt. Und aus der Angst, zu klein zu geraten, wird alles nach dem Was-das-andere-nicht-hat-Prinzip betrachtet. Ebenso wird der Ausführung Aufmerksamkeit geschenkt, die Vermeidung, als das im bürgerlichen Sinne nicht Vorhandene, wenig beachtet.
Im sozialen Miteinander hat sich scheinbar hin zum vereinfachten, kleinsten Vielfachen vieles zum Nicht-Sein-Dürfen maßgebend festgesetzt und vieles mehr noch zum Haben-müssen. Jedoch beschränken sich diese Werte auf das erträgliche Mit- und Gegeneinander-auskommen-wollen. Das einfache Gegenteil zu dem von der Gemeinschaft als richtig oder falsch festgelegten führt nicht in den größeren Zusammenhang.
Der Zweifel an der unumschränkten Richtigkeit, der von der Allgemeinheit gesetzten Masse oder das Auf-den-Kopf-Stellen ihrer Äußerungen produziert im Gleichsein den Unterschied. Es macht individualistisch auffällig, aber entlässt nicht aus der unschöpferischen Enge. Wenn das so gute über andere und anderes gewonnene Eigenmaß dem hohen Anspruch auf pure Selbstverwirklichung platzmachend verloren geht, verbleicht der Pathos des Vortrages, wird zur schrillen Darstellung. Es verschwindet um die Selbstherrlichkeit herum, das Davor und Dahinter und besetzt in bloßer Einzelheit den Ort. Trotz genialischer, eben einfältiger Konstruktionen wird alles von allen Seiten gleich, haben Häuser keine Portale und Städte keine Tore mehr.

Harald Becker

Wolfgang Buchholz 2007

Wolfgang Buchholz

Wolfgang Buchholz wurde 1930 in Berlin geboren, machte den Abschluss als Diplomphysiker und arbeitete am Max-Planck-Institut für Zellphysiologie in München. Er veröffentlichte gemeinsam mit Professor Warburg. Später war er Mitglied des Bereichsvorstandes der Siemens AG in München und nahm diverse Aufsichtsratspositionen im In- und Ausland ein.
Er lebt in München.

MÄZENATENTUM
»Wolfgang Buchholz gehört zu meinen Verwandten«

»Nachdem der Buchholz als Siemensmanager 1993 das Kabelwerk übernommen hatte und dort das Bild vom Stölmacker gesehen hatte, wollte er mich kennen lernen. Er hat dann als der große „Siemensgott", wie er dort aufgetreten ist, diese Verhandlungen unterbrochen und nach dem Maler des Bildes gefragt. Sachkundig, wie er ist auf diesem Gebiet, hat er Leute beauftragt und fragen lassen, wie das Bild dort hinkommt. Der Mann sollte ausfindig gemacht werden. Das war für die nicht leicht, weil es den Verband Bildender Künstler nicht mehr gab. Dem neugebildeten Künstlerbund bin ich nicht mehr beigetreten. Sie haben mich gefunden, und dann kamen bei mir „kleine Direktoren" an, die das große Treffen vorbereitet haben. Das war alles eine phantastische Inszenierung. Die sagten dann nach einem Kaffee und einem Schnäpschen: „Das ist ein dufter Kerl". Dann kam eine schriftliche Mitteilung, dass ich dann und dann den Buchholz zu erwarten habe. Er kam mit einem extra breiten Mercedes mit Chauffeur. Es war nicht der Buchholz, sondern ebenfalls der Chauffeur im schwarzen Anzug. Ich bin zum Tor gegangen und er war in seiner Inszenierung ein paar Schritte voraus. Als er am Tor stand, das war ein schöner Anblick, ein großer Mann im schwarzen Anzug mit lichtem weißen Haar, mit einem flinken jugendlichem Blick. Wir haben uns begrüßt. Der Hund Anke hat nicht gebissen. Das war außergewöhnlich. Ich habe ihn dann ins Haus gebeten und habe gleich auf dem Weg hierher den ersten kleinen Machtkampf erlebt, der ein Teil der Inszenierung war. Was mir außerordentlich gut gefallen hat, war seine Frage: „Sagen Sie mal schnell mit wenigen Sätzen: Was ist das für ein Haus? Was war hier früher?" Wir saßen dann vor dem Kamin und haben Tee getrunken. Ich musste die Gläser wechseln. Er bat mich, eine Tasse zu finden. Ich fand das alles wunderbar. Wir waren uns einig. Er hat vier Bilder von mir gekauft und mich in Folge nach München eingeladen. Dort hat er mir Teile des Siemenskonzerns gezeigt. Ich erinnere mich da an Nebensächlichkeiten wie zum Beispiel eine Betriebsküche, wo in drei Schichten Tausende von Mitarbeitern abgespeist werden. Er war eher bescheiden. Er fuhr keinen großen schwarzen Wagen, sondern einen kleinen grauen. Das waren alles Dinge, die mich fasziniert haben. Ich hatte damit ab sofort einen Privatmäzen gefunden, den Wolfgang Buchholz. Es entstand eine Freundschaft zu einem Menschen, der sowohl materiell als geistig in der Lage war, mich mit zu versorgen, und ich konnte machen was ich wollte. Damit hatte ich die höchstmögliche Stufe der sozialen Einbindung erreicht, erfahren und erlebt.

Ich hatte schon lange vor dem Auftritt von Wolfgang Buchholz dem klassischen öffentlichen Auftritt entsagt. Wolfgang Buchholz gehört zu den Leuten von denen ich sagen kann, dass sind meine Verwandten. Die Familie, das sind nicht die wirklichen Verwandten, an denen hängt man durch Geburt. Die wirklichen Verwandten hat man im Leben zu finden, und Wolfgang Buchholz ist einer davon.«

Philosophie

Hoffnung und Erwartung
Hoffnung und Erwartung sind zweierlei und liegen trotz der möglichen komplementären Paarung diagonal soweit voneinander entfernt, dass man sich entscheiden muss. Die Erfüllung erwartend führt zur Abhängigkeit vom Wohlwollen und der Fähigkeiten anderer. So muss man ihnen genügen, dass sie einen gütig teilhaben lassen. Dieses ist die fleißige Art der Reproduktion und Mehrung vorhandener Werte. Die Hoffnung ist die andere, eine auf Leidenschaft und Zerstörung basierende Kraft – das Schöpfertum. Sie ist mehr auf Erlösung des Selbst orientiert. Hoffnung und Erwartung ergänzen sich auf Zeit, in der wechselseitigen Ambivalenz jeweils durch Anpassung an die Wirtschaft-

lichkeit der einen wie gegen den versuchten Idealismus zur anderen Seite hin schrumpfend und sie bleiben durch Neid und Eifersucht und dem Machtversuch über das jeweils andere auf Dauer unversöhnlich.

Harald Becker

FOTOGRAFIE
»Mit den Händen pantschend in mehr oder weniger giftigen Flüssigkeiten«

»Die Grundlage für den Beginn der Beschäftigung mit der Fotografie waren Aufnahmen aus Gadebusch von 1870, die ich gescannt und mit dem Computer, in einer mehr oder weniger unterhaltsamen Weise, bearbeitet hatte. Der Anlass war die junge Zeit nach der Wende, wo sich diese, meine Vater- und Heimatstadt Gadebusch, wie alle anderen Orte rasant verändert haben. Das war Anfang der neunziger Jahre und somit ist es über zehn Jahre her. Es ist ein bescheidener Versuch und überhaupt nicht schulmeisterlich, besserwissend darauf hinzuweisen auf diese verspielte Art und Weise, dass es diese Stadt gab, und dass die Welt nach der politischen Wende nicht neu beginnt, sondern fortlaufend ist.

Was ich gemacht habe, waren bescheidene Drucke. Ich hatte mein Vermögen in die Digitaltechnik investiert. Es fing an mit Scannern, und wir wissen, dass alles vierteljährlich technisch überholt war. Es war eine unzureichende Technik, nicht zu vergleichen mit dem, was die Fotografie heute in der Lage ist zu leisten. Fotografie ist nichts anderes als gespeichertes Licht. Digital sind alles Binärdaten, Nullen und Einsen. Alles was digital gewandelt wurde, ist nicht mehr identisch. Das war zunächst das Mittel, es war ein Ansatzpunkt. Ich habe dann die Digitaltechnik mit analog verschnitten, weil ich von Chemie nichts verstehe und mich nicht mit dem Gedanken vertraut machen wollte, in eine Dunkelkammer zu gehen und von da an nichts mehr zu sehen, sondern noch zu fühlen, mit den Händen pantschend in mehr oder weniger giftigen Flüssigkeiten. Ich habe das Entwickeln Fotografen überlassen, die es noch gab, dann habe ich alles gescannt und bearbeitet. Es hat sich ein hoffnungsloser Verschnitt ergeben zwischen Nichtwollen und Nichtkönnen. Das löste die Entscheidung aus alles digitale von dann an wegzulassen. Ich habe dann wie zu Beginn der Fotografie analog fotografiert, auf Platten und in schwarz-weiß. Es gab bei mir eine maßlose Selbstüberschätzung, was die Fotografie anbelangt. Da habe ich dann weitere vier Jahre gebraucht, um diesen Irrtum zu begreifen.«

Harald Becker in der Landschaft

Philosophie

Das Foto

ist die Dokumentation des ungeordneten, visuellen Urstoffs für das Bild der chaotischen Diagonalen. Wenn in der Natur ein Ast seine Blätter zum Himmel trägt, bildet er im Ausschnitt eine Diagonale, sonst nichts. Die stoffwechslerische Verbindung von der Erde zur Fotosynthese bildet sich nicht ab. Im Bild sind es die Funktionen der entwickelten Gegendiagonalen, gezeichnet oder als visuell-geistige und Farb-Gegenfunktionen, welche sich dann als Kunst neben die natürliche Ökologie stellen. Sie produzieren eine neue „Astwelt", in der sich gleichermaßen die wirren Gedanken beruhigen.

Rathaus Gadebusch bei Nacht

Marktplatz Gadebusch mit Hund

Kunst ist die Ordnung aller Diagonalen zueinander, bis dass sich der in der vorgegebene Länge und Breite festgelegte Ausschnitt zur neuen Welt auflöst – gemalt oder gesungen.

Harald Becker

»Von dem Frischgrün der Bäume und den Nektarien in den Lüften«

»Was zu fotografieren ist, das musste ich erst herausfinden. Ich habe weiter gemacht wie in der Malerei, vorwiegend die Landschaft fotografiert. Das habe ich dann schnell gelassen, weil es unbefriedigend war. Die Landschaftsfotografie ist noch viel schwieriger in den Griff zu bekommen als ein Porträt, weil da alles falsch ist. Wenn das Licht stimmt und man hat noch einen Ausschnitt gefunden, wo das Haus, der Baum und der Weg funktionierten, waren die Wolken falsch am Himmel. Ein Bild besteht zunächst aus lauter Diagonalen, die sich einander zuordnen oder eben nicht. Wenn sie es nicht tun, wird kein Bild daraus. Unbefriedigend die Landschaft, weil es schwer ist den Ausschnitt zu finden, in dem das Ganze enthalten ist. Wenn ich vor einem Feld stehe, von mir aus rapsblühend leuchtend im frühsommerlichen Sonnenschein, dann habe ich die Vogelstimmen und den angenehmen Geruch von Blüten. Das zusammen ergibt das Bild, das sich fotografisch bewältigen lässt, weil ich den Ausschnitt habe. In dem Ausschnitt sind die Vogelstimmen nicht zu hören und die Nektarien in den Lüften nicht zu riechen. Von dem vielen Frischgrün an den Bäumen bleiben drei übrig, die in dem Ausschnitt möglich sind. Die drei Bäume schaffen es sowieso nicht, die übrigen tausend, die den Gesamteindruck der Welt machen in der ich mich jetzt gerade befinde, zu repräsentieren und die Ordnung der Flächen der Felder zueinander zu ordnen. Das alles ist in der Fotografie hoffnungslos. Das habe ich aufgegeben.

Das ist im Porträt, im Körperlichen, vergleichsweise leichter zu bewältigen. Eine schöne nackte Frau, da stimmt alles. Das Abbild von ihr ist eine Sammlung von mehr oder weniger falschen Diagonalen zueinander. Dann bleibt noch die Hoffung, dass ich ein Geheimnis nicht gefunden habe, dass dann alle Probleme sich lösen.

Alles was ich tue, reicht gerade, neue Sehnsüchte zu wecken. Ich will mich selber fotografieren. Dazu brauche ich einen anderen. Das sollte man nicht einer Frau sagen. Man kann da ins Fettnäpfchen treten. Die Frau steht im Zentrum der Begierde und ist die Hauptsache. Ich muss vorsichtig sein, wenn ich mich äußere. Ich sage das den Modellen um meiner selbst willen. Ich möchte eine größtmögliche Klarheit schaffen. Unklarheit sind Steine im Weg.

Das Bild ist das, was ich kann und das, was ich will. Und ich bin in meinem Nachdenken über das, was man ist, was man tut und was man macht, über die Frage, was ist Wahrheit, zwangsläufig gestolpert. Die Frage kommt: Ist Wahrheit was jeder will, was keiner möchte? Was ist es? Losgelöst davon als einer, der in Bildern denkt und handelt, ist logischerweise in der Summe der Erkenntnisse die Wahrheit die Widerspiegelung ihrer selbst. Da ist der nächste logische Schritt, sich jetzt mit der äußeren Widerspiegelung zu beschäftigen. Ich versuche, in die äußere Widerspiegelung Seele hineinzubringen. Das heißt, ich verunreinige dieses Medium Fotografie mit bildkünstlerischen Elementen.

Zwei Längen und zwei Breiten sind ein Bild. Da ist für mich der Widerspruch deutlich. Getrieben durch die Frage: Was ist das jetzt, wenn in dem Buch, das entsteht die Fotografien drin sind? Was ist das jetzt, was da zu sehen sein wird? In dem genannten Sinne, unvollkommen. Dann stellt sich die neue Frage. Ist Vollkommenheit das hohe Ziel? Nein, nicht in der Hauptsache. Zu sehen sind zwei verschiedene Betrachtungsweisen: das zur Zeit Bestmögliche im handwerklichen und inhaltlichen Sinne. Ich dachte mal, dass ich über die Fotografie zur kleinen Form komme, weil nichts besser als das fotografische Abbild das kann, die Struktur. Das kann die Malerei nicht, die schafft ihre eigene Struktur. Ich muss sehen, wenn ich das alles wegwerfe, was nicht funktioniert, bleibt das übrig, was mir in der Malerei zum Verhängnis wurde – die große Form. Das ist mit meinen gemalten Bildern mein Problem gewesen. Die Bilder waren nicht zur Lesbarkeit tauglich. Sie haben vordergründig keine Geschichte erzählt oder eine besondere Oberfläche geschaffen. Die große Form bleibt unentdeckt und da sie sich nach 5 bis 10 Sekunden Betrachtung nicht erschlossen hat, ist das Bild erledigt.«

Philosophie

Spaß ist Bedürfnis.
Bilder haben die Aufgabe, Bedürfnisse zu befriedigen, Spaß zu machen, zu unterhalten. Die Bilder werden aus den Belehrungs-Käfigen geholt, auf dass sie wie Stadttauben in ihrer Überpopulation milbenregnend und krank den Fütterern zufliegen. Streit gibt es noch zwischen Fütterern, wenn einer Erbse auf Erbse zuteilt, und ein anderer seine vertrockneten Brötchen ausschüttet. Die Tauben vererben ohne Not ihre Krankheiten.
Bilder, die nicht gleich in den Verdauungstrakt fallen, werden gegen beliebigen oder speziell angefertigten Brei getauscht. Verdaulichkeit und Spaß werden zum Kriterium, sind der Kern der Zeit.

Harald Becker

ARBEIT MIT DEN FOTOMODELLEN
»Das Licht ist der große Schöpfer«

»Es ist meine Aufgabe, dass ich das Modell bei der Arbeit unterstütze und es nicht einsam ohne Kontakt lasse. Der beste Weg, den ich mit zu vielen Umwegen gefunden habe ist, es den Modellen zu erklären, was das ist. Sie sollen anstatt daran zu denken, glauben, wenn ich das jetzt auf diese Weise mache, wird es so aussehen. In dem Falle ist da eine kosmische Kraft und das Modell soll jetzt nicht die Lampe sehen, sondern das All, den Kosmos, eine Supernova, einen Kometen, der auf sie zukommt und wenn sie bereit ist, dieses große Himmelsereignis wahrzunehmen, werde ich es merken und sie kann mir ein Zeichen geben. Das funktioniert. Ich wollte das Thema der Sehnsucht bearbeiten. Das war dann zu spezifisch. Ein menschlicher Körper ist mit viel Aufwand gerade beherrschbar. Es gibt nichts Komplexeres und Schöneres als den menschlichen Körper, und im Bilde ist es ein Ausschnitt und jeder Arm ist eine Diagonale, die in die falsche Richtung geht. Ich werde mich hüten, außer einem Lichtfleckchen oder einem Verlauf vom Hellen ins Dunkle etwas hinzuzufügen. Das Chaos wird vergrößert. Die kompositionelle Reinheit der bildenden Kunst ist mit fotografischen Mitteln nicht zu erreichen, unter Umständen annähernd. Dafür gibt es Äquivalente. Ich habe beim Fotografieren den Modellen zum Anfang eine kleine Einführung gegeben, in dem ich ihnen erklärt habe, dass das Licht der große Schöpfer ist, der Ausschau hält und sie für diesen Moment für würdig hält, sie zu umfließen und zu schmeicheln. Sie haben die Ehre, dieses Licht einen Moment tragen zu dürfen. Ich bilde das Licht ab und nicht die Person. Wenn ich das weiterspinne, ist es nicht die Person, sondern das Himmlische, das auf dieser Person liegt. Das Himmlische wird gerade sichtbar. Dass sich dies dokumentiert, ist anders als in der Malerei.«

FORMAT
»Das eigene Maß ist für mich die größte Formatbestimmung«

»Zu größeren Formaten in der Fotografie habe ich handwerkliche Anfänge gemacht. Ich bin da mit 80 Zentimetern über die Grenzen gekommen. Machbar ist es. Ich könnte es im Sommer machen wegen der Temperaturen. Es ist ein unheimliches Gepansche, wobei zum Beispiel bei einem Porträt überlebensgroß unsinnig ist. Überlebensgroße Abbilder sind Monster. Bei Ganzkörpergröße kann man auf zwei Meter kommen. Zwei Meter ist handwerklich schwierig. Bei der Fotografie braucht man größere Becken und hektoliterweise Chemie. Lebensgröße ist schön und perfekt, weil man das Bild in einer richtigen Distanz betrachten kann. Je kleiner umso näher muss man ran. Es wird vom Raumschmuck zum Foto, das man in der Hand hält oder im Album sieht.

In der Malerei ist die Wahl des Formates abhängig von der eigenen Physiognomie. Da ich unmittelbar vor der Natur gearbeitet habe, ist die Größe durch die Reichweite meiner Arme und durch den Blickwinkel meiner Augen vorgegeben und ist bei einem Meter an der Grenze. Die Größe 1,20 Meter ist dann möglich, das habe ich praktiziert, wenn man das Motiv gefressen hat und nur noch vollstrecken oder vollziehen muss, dann kann man über seine eigene Physiognomie hinausgehen. Das eigene Maß ist für mich die größte Formatbestimmung. Ausgehend in Achtung vor sich selber, ist das Format gegeben. Alles was darüber hinausgeht, kommt in den Bereich der Selbstdarstellung und ist eine neue idealisierte Form. Größen von über 2 Metern, da löst man sich von der Achtung zu sich Selbst ab, zur eigenen Darstellung hin.«

Philosophie

Ich sitze einsam auf meiner selbst geschaffenen Insel, die nur noch mühevoll zu durchqueren ist. Dabei sollte das einst kleine Eiland vorwärts an das große Festland wachsen, wo sich vermeintlich alle wunderbaren Dinge befinden.
Seit meiner Kindheit suche ich die Wahrheit, die sich hinter dem Sichtbaren verbirgt, malte, versuchte mir Bilder von der Welt zu machen. Gelernt habe ich nur, was ich sehend erleiden konnte. Einige Fragen kann ich stellen. Der weite Weg zur Suche nach Antworten hat sich aufgetan. Und die Kunst als Brücke, dass die Insel kein Verrücktengarten wird, das alles in allem und jedem steckt. Und wie sich alles erklärt, wenn man die hohe Konzentration aufbringt, die Dinge bei dem zu belassen, was sie sind. Und das jenes konzentrierte Tun, welches man den schöpferischen

Becker mit Modell

Prozess nennt, einen auf Zeit Gast sein lässt, auf jener Ebene, die ich das Göttliche nenne. Hier, meine ich, ist Platz für jeden, der die wunderbare Welt der Töne zwischen Erhabenheit und Demut für sich erschließt.
Und dass man sich den Boden für Sehnsucht nach Liebe, Vollkommenheit neu schaffen und erhalten muss, und über den Traum davon, um das Fenster zum Inneren zu finden.

Harald Becker

Über das Genie

Mitte September war der Sommer vorbei und auf einem meiner letzten Gänge zu Harald Becker vor Beendigung des Buches wehte ein kühler Herbstwind über die abgeernteten Felder. Er trieb schnell weiße Wolken über den klaren, leeren Himmel. Triefend nass glitzerte das Gras vom morgendlichen Tau und durchnässte meine Schuhe. Am Wegesrand rauschten die Bäume, und im Gebüsch leuchteten rot die Hagebutten und Pfaffenhütchen. Die Amseln pickten an den violetten Fruchtdolden des Holunders. Im Windschutz der Hecken wärmte die Sonne, und ich spürte noch einmal die Kraft der heißen Sommertage, die ich mit Familie Becker in ihrem Garten im Schatten eines Apfelbaumes bei Tee und selbstgebackenem Kuchen verbracht hatte. Bis auf die Kastanien, die ihre braun gesprenkelten kranken Blätter abwarfen, zeigten sich die Bäume noch grün. Das Roggendorfer Storchenpaar mit seinen zwei Jungen sammelte sich auf den Wiesen mit den anderen Störchen und Ende August machten sie sich auf, in den warmen Süden zu fliegen. Die Schwalben in Harald Beckers Hausflur bauten im Frühjahr ein neues Nest aus Schlamm und kurzen Strohhalmen, brüteten erfolgreich, denn an der Haustür entfernte Harald eine kleine Scheibe, so dass die Schwalben ungestört ihre Brut füttern konnten. Der altersschwache schwarze Mischlingshund überlebte den Sommer, quälte sich aber nur noch mühsam durchs Leben. Beißen konnte er nicht mehr.

In die Natur zog Stille ein. Von dem hoffnungskündenden Frühlingsgesang der Meisen blieb noch ein leises Piepsen zurück. Aus der Ferne hörte ich das Brummen eines schweren Traktors beim Pflügen.

Es gab dieses Jahr eine reiche Ernte, in Beckers Garten trugen die Obstbäume reichlich Früchte, dass einzelne Äste in Gefahr gerieten abzubrechen und mit Stangen gestützt werden mussten. Über den süßen herabgefallenen Birnen taumelten Scharen von Schmetterlingen und von dem Komposthaufen glänzten durch die großen Blätter gelbe Kürbisse. Der Holzstapel unter den Eschen, den Harald Becker im Frühjahr errichtete, schrumpfte durch die Wärme des Sommers.

Über den Fortgang des Buches waren Harald und ich zufrieden. Er sehnte das Ende des Buchunternehmens herbei, da es ihn diesen Sommer von seiner schöpferischen Tätigkeit abhielt. Trotzdem war er nicht ungeduldig geworden, sondern unterstützte meine Arbeit nach besten Kräften.

Seltsamerweise blieben die Schwierigkeiten bei der Titelsuche das Jahr über aktuell, obwohl Harald Becker in seinem Eifer nicht nachgelassen hatte. Oft rief er mich an und teilte mir seine Überlegungen dazu mit. „Das Höchste ist das Schöne", „Harald Becker – ein normaler Leidensweg", lauteten zwei Zwischentitel. Schließlich schlug er den Titel „Harald Becker, ein Maler zwischen den Wahrheiten" vor, den ich dann zu „Harald Becker, ein Maler zwischen den Welten" änderte. Er gefiel uns beiden und hatte Bestand. Ein anderer im Frühjahr kreierte Arbeitstitel „Ich bin nicht genial" hatte uns lange beschäftigt und wir diskutierten über ihn mehrere Wochen. Den Titel verwarfen wir, aber anschließend entwickelte sich ein Gedankenaustausch zu der Genialität des Künstlers.

Wolfgang Buchholz und ich hatten in unseren Anfangstexten zur Charakterisierung der künstlerischen Fähigkeiten von Harald Becker das Wort genial benutzt. Ich fragte ihn deshalb direkt, ob er sich für genial hielte:

»Ich bin nicht genial. Trotzdem, was ich bisher gemacht habe, halte ich für beachtenswert, weil es mich in einer seltsamen Weise nachträglich betört oder erregt. Es kommt, das meine ich mit genial und nicht genial, nicht aus einem himmlischen Reich herab, sondern aus dem Boden heraus. Dieser feine Unterschied macht aus: was ich denke und mache oder sage, das wissen alle, können alle und besser. Da staune ich und es deprimiert mich, weil ich überlege, ich habe vierzig Jahre gebraucht und die anderen schütteln sich das aus dem Ärmel: das Sehen, Empfinden und Einordnen und Verstehen der Dinge.«

Ich hatte nicht verstanden, was er mit „himmlischem Reich" meinte.

»Das ist der göttliche Zug. Ich glaube es gab Musiker und Maler, die diesen göttlichen Schwung hatten.«

»Wie Dürer oder Rembrandt?«

»Rembrandt, der mich erschaudern lässt vor Begeisterung, ist weniger ein Genialer. Vom Boden her kann man nur, um eine Metapher zu benutzen, Halbgöttliches erreichen, das Geniale hat Göttliches. Der Rembrandt ist großmeisterlich auf das man ehrfurchtsvoll schauen kann. Der ist aus dem Boden hervorgekommen und erreichte diese Halbgötterschaft.«

»Wen rechnest du zu den Göttlichen?«

»Ich würde auf Anhieb Picasso sagen. Mehr und mehr zögere ich, weil ich feststellen muss, dass der ein gewaltiges Schlitzohr war. Nicht alles ist göttlich, wie es mir zunächst erschien, aber dieser Witz, den dieser Mann scheinbar so viel hat. Ein schöner Witz. Ich denke da an Affen, die er aus Autos zusammenbastelt. Das kann man nur machen, wenn man diesen Witz hat. Jahrzehnte später, haben unsere Zeitgenossen, die ähnliches versucht, hatten diesen Witz aber nicht. Da ist mit solchem Ernst produziert worden, das es vergleichsweise schwächlich ist gegenüber Picasso. Mir fällt noch die Frau ein, die einen Kinderwagen schiebt. Die habe ich in Köln gesehen und ich musste lachen. So heiter war es. Na gut, in der Antike haben sich die Götter auch manchen Scherz mit den Sterblichen erlaubt.«

»Könntest Du konkreter werden?«

»Bei Picasso muss ich feststellen, dass er ein außerordentlich kraftvoller Mensch war, der es sich leisten konnte, wiederholte neue Liebschaften, teilweise parallel, zu haben. Der hat aus dem Rausche heraus vieles vollbracht. Wir wissen alle von uns, wenn wir im Zustand des Verliebtseins sind, dass wir Höchstleistungen vollbringen. Man braucht in einer solchen Zeit keinen Schlaf. Da ist der Körper wie der Geist, der wirr ist, wie günstig sich das dann bei den Künsten auswirkt, man ist zu Höchstleistungen fähig. Dieser Mann hat etwas geschafft von dem ich meine, es in meinem Leben dreimal vollbracht zu haben. Ich habe eine Ehescheidung hinter mir, die hat mich so viel Kraft gekostet und der Versuch

Harald Becker 1987

einer neuen Beziehung kostete mich viel Kraft, dass ich mir das höchstens dreimal im Leben leisten kann. Dann bin ich erledigt. Der Picasso hat es hundert Mal geschafft. Das ist ein ungeheurer Kraftquell. Ich weiß, dass das von mir eine unqualifizierte Aussage ist. «

Diese Aussage ist nicht unqualifiziert. Sie leitet zwanglos zu den Kreativitätstheorien der Psychoanalyse hin. Bei den Anfängen der Psychoanalyse standen die Probleme künstlerischen Schaffens zur Diskussion. Bis heute ist in der psychoanalytischen Auffassung über die Kreativität die Lehrmeinung gültig, dass der Künstler in seinem Schaffen eigene neurotische Persönlichkeitsstörungen dahin ableitet und sie symbolisch löst. »Man darf sagen, die Aufgabe der Bewältigung einer so mächtigen Regung wie des Sexualtriebes, anders als auf dem Wege der Befriedigung, ist eine, die alle Kräfte des Menschen in Anspruch nehmen kann. Die Bewältigung durch Sublimierung, durch Ablenkung der sexuellen Triebkräfte vom sexuellen Ziele weg auf höhere kulturelle Ziele gelingt einer Minderzahl«. Die Feststellung von Freud (1908) ist traditionell und steht im Gegensatz zu späteren Auffassungen, die Sexualität und Kreativität, Triebentwicklung und Ich-Entwicklung nicht im konkurrierendem Verhältnis sehen. 1912 formulierte Freud: »Die Triebkräfte der Kunst sind dieselben Konflikte, welche andere Individuen in die Neurose drängen, und die Gesellschaft zum Aufbau ihrer Institutionen bewogen haben. Woher dem Künstler die Fähigkeit zum Schaffen kommt, ist keine Frage der Psychologie. Der Künstler sucht zunächst Selbstbefreiung und führt dieselbe durch Mitteilung seines Werkes den anderen zu,

Titelentwurf Sommer 2007 von Dr. v. Keyserlingk

die an den gleichen verhaltenen Wünschen leiden. Der Zusammenhang zwischen Kindheitseindrücken und Lebensschicksalen des Künstlers und seinen Werken als Reaktionen auf diese Anregungen gehört zu den anziehendsten Objekten der analytischen Betrachtung.«
Harald Becker schreibt:
»Der Antrieb ist die Sehnsucht, die nach Liebe, Vollkommenheit und Wahrheit strebende Kraft und die Basis für den Traum davon. Sie weckt sich durch die Freigabe der durch vielerlei Ängste, Zwänge und Sentimentalitäten gefangen gehaltenen Gefühle und wird zum Anstoß für den eigenen Fortschritt. Die sentimentale Sicht auf Gewesenes ist die Erinnerung an frühere Sehnsüchte. Sie filtert die Wirklichkeit aus, wenn man in ihnen verharrt, und reduzieren als unvollständige Replik die Kraft für den Weg zur Erfüllung. Verführerische, lichte Buntheiten bedienen die bequeme Vorstellung von einer schönen Welt. Das Aufnehmen des reproduzierten, früheren Sehens in die eigene Wirklichkeit vermeidet ein anderes, irriges Streben zum idealisierten Ich. So wird der Friedensschluss mit sich im Ganzen die Voraussetzung zur Nutzbarmachung der Werkzeuge des Selbst und zum möglichen Ich.«

Ich möchte auf den von Harald Becker zitierten und als genial bezeichneten Pablo Picasso zurückkommen. Otto Rank, ein früher Schüler und Anhänger Freuds, beschrieb in seinem umfangreichen Werk aus dem Jahre 1932 „Kunst und Künstler" einen anderen Künstlertyp. »Es gibt einen Künstlertypus, der ohne die biologische Ergänzung durch das andere Geschlecht überhaupt nicht schaffen kann, oft das Geschlechtsleben unmittelbar zum Schaffen braucht«

»Bist du nicht doch ein genialer Künstler, der nur auf seine Entdeckung wartet?«

»Das kommt nicht infrage. Ein Genie muss nicht leiden. Mein Schaffensprozess ist ein ewiger Leidensprozess im Ganzen wie im Detail. Wenn ich das Charlottenburger Schloss oder den Lübecker Malerwinkel im Auftrage male, muss ich mich nicht mehr quälen. Mein Leiden ist nicht so ausgedehnt wie früher, das hat damit zu tun, dass ich bestimmte Fehler nicht mehr mache.

Um aber zurückzukommen auf genial. Ich habe im Leben Mentoren gesucht, die mich begleiten, die mir dann meistens weit überlegen waren, so bin ich auf dich gekommen. Es ist mir mit wenigen Ausnahmen gelungen, ich glaube nur mit einer, das bist du. Es ging gut, solange ich unterlegen und als ein förderungswürdiger Partner oder Freund willkommen war. Zeigte ich, dass ich Zähne im Mund habe, war ich schlagartig ein Feind. Ich weiß nicht ob es damit zusammenhängt, dass das Miteinander ein ständiger Machtkampf ist. Solange man förderungswürdig ist und wohlwollend erklären kann, was man meint, wenn man dieses oder jenes tut und sagt, ist die Welt in Ordnung. Man darf den Schritt nicht weitermachen, sonst hat man den Machtkampf verloren. Dass du heute hier sitzt nachdem wir uns solange kennen und nach diesem und jenem fragst, bedeutet nichts anderes als, dass du eine Ausnahme bist und wir nicht machtkämpferisch, sondern ebenbürtig nebeneinander stehen, jeweils den anderen achtend. Das ist bedeutend insofern, dass es geht.«

Für mich stellte sich nach sechsmonatiger intensiver Beschäftigung mit Harald Becker, den langen Gesprächen, dem Betrachten seiner Bilder und dem Lesen seiner Texte die Frage, woher kann er diese kreativen Leistungen schöpfen? Was hatte ihn zum Künstler gemacht? Welche Bewandtnis hatte es mit seiner Herkunft, seiner psychischen Struktur und seiner Persönlichkeit.

Harald Becker stammt aus einer bürgerlichen Familie, die bei oberflächlicher Betrachtung zunächst keine Rückschlüsse für seine Entwicklung zum Künstler zulässt. Beide Elternteile und die Großeltern waren nicht künstlerisch tätig. Auch die Rollenverteilung der Kinder innerhalb der Familie Becker war nicht untypisch. Entsprechend den Untersuchungen der amerikanischen Familientherapeutin Sharon Wegscheider ging ich davon aus, dass der ältere Bruder von Harald Becker die Rolle des „Helden" („hero") oder nach Claudia Beck die Rolle des „verantwortlichen Kindes" („the responsible one") übernahm. Er „funktionierte" im Sinne der Eltern gut, erfüllte alle Erwartungen mit Bestnoten und entwickelte eine große organisatorische Geschicklichkeit. Die Schwester blieb im Familienverband unauffällig und spielte für die Entwicklung von Harald Becker keine Rolle. Er übernahm als jüngstes Kind die Rolle des „Sündenbockes" („scapegoat"), der in der Familie die negative Aufmerksamkeit auf sich zog und damit von kritischen Problemen in der Familie abzulenken vermag. Er wurde durch sein unangepasstes Verhalten zur Kehrseite gegenüber dem Helden. Dieser genoss es, dass die Eltern ihn für etwas Besonderes hielten und ihn dem kleineren Bruder als Vorbild hinstellten Um Aufmerksamkeit zu erringen, wenn auch in negativer Hinsicht, brachte sich Harald Becker in gefährliche Situationen (Schlägereien, Besäufnisse, Rasen mit Moped) und provozierte somit die Bestätigung seiner inneren Befürchtung, dass niemand ihn eigentlich lieben könne. Er hatte größere Freiheiten für den Preis, ein schlechtes Gewissen und Schuldgefühle mit sich herumzutragen. Er entwickelte daraus später Mut, die Fähigkeit Risiken einzugehen und dieses zu ertragen (Rennert 1993). Für eine Tätigkeit, das Zeichnen und Malen, erhielt er von der Familie Bestätigung und Lob. Als einzige Erklärung des Künstlertums konnte die Rollenverteilung innerhalb der Familie nicht dienen. Vielmehr ist anzunehmen, dass auf Grund einer angeborenen Begabung, seinem

Harald Becker Herbst 2007

„Ingenium", der frühe Wunsch entstand sich Bilder von der Welt zu machen. Er vermutete, dass die Mystik, die er beim Schaffen von Bildern erfuhr, ein Urmotiv für sein kreatives Handeln gewesen sein könnte. Mit dem Ingenium ist bei ihm eng die Inspiration verbunden, das heißt durch Konzentration gelingt es ihm, sich für kurze Zeit auf eine höhere geistige Ebene zu beamen, um sich dort symbolhaft von den Musen göttliche Eingebungen vermitteln zu lassen.

»Seit meiner Kindheit suche ich die Wahrheit, die sich hinter dem Sichtbaren verbirgt, malte, versuchte mir Bilder von der Welt zu machen. Gelernt habe ich, was ich sehend erleiden konnte. Fragen kann ich stellen, trotzdem hat sich der weite Weg für die Suche nach Antworten aufgetan. Und die Kunst als Brücke, dass die Insel kein Verrücktengarten wird, das alles in allem und jedem steckt. Und wie sich alles erklärt, wenn man die hohe Konzentration aufbringt, die Dinge bei dem zu belassen, was sie sind. Und das jenes konzentrierte Tun, welches man den schöpferischen Prozess nennt, einen auf Zeit Gast sein lässt, auf jener Ebene, die ich das Göttliche nenne. Hier, meine ich, ist Platz für jeden, der die wunderbare Welt der Töne zwischen Erhabenheit und Demut für sich erschließt.«

Viel näher und plausibler schien mir zu sein, Harald Becker nicht als durch einen Genius inspirierten Künstler, sondern als einen Maler zu betrachten, der Gott ebenbürtig in jedem Bild die Welt neu schafft. Eines hat Harald Becker mit seinem bisherigen Werk erreicht, das ist die Unsterblichkeit. Legt man in dieses Ziel eine Absicht hinein, dann bedeutet es, dass das individuelle Kunstwollen im Unsterblichkeitsdrang liegt.

Harald Becker:

»Mit diesen aus früherem Sehen verschmolzenen Bildern produzieren sich Blicke mit der Gültigkeit über den Tod hinaus. Wenn die Höchste aller Möglichkeiten erreicht ist, das Bildgewordene, nicht entschlüsselbare Geheimnis der Harmonie, ist der Augenblick der Vollkommenheit erreicht, das Fest der Sehnsüchte. Der künstlerische Vortrag übernimmt die eigenen Qualen des Unerreichbaren und bildet hieraus ein mögliches Ideal. Das vereinigt in ausgeglichener Art Schönheit und Verlangen.«

Harald Becker sieht den Unterschied zwischen dem genialen und nicht genialen Künstler darin begründet, dass der eine durch Leid das Schöne schafft und der andere keine Leiden zu erdulden hätte. Damit leugnet er die modernen Stereotypen des Künstlertums, wie sie beispielsweise von Verena Krieger in ihrem Buch „Was ist ein Künstler?" beschrieben werden. Drei Aspekte sind ihr wichtig: Die Innerlichkeit, das heißt die Voraussetzungslosigkeit des künstlerischen Schaffens, das Außenseitertum, das den Künstler nicht zum Mitglied der bürgerlichen Gesellschaft und ihrer Regeln macht. Das wahre Genie ist sprunghaft, unberechenbar, wild und verfügt über den Nimbus einer unverbrauchten sittlichen Kraft. Eine Anpassung an den gültigen herrschenden Geschmack ist ihm nicht möglich. Nur von der Nachwelt kann er auf Ehre und Ruhm hoffen. Als dritten Aspekt nennt die Autorin: Das Leiden. Sie schreibt: »Kehrt der Künstler auch Stolz und Lässigkeit hervor, um seine Unabhängigkeit von der bürgerlichen Gesellschaft und ihren Werten und Normen zu demonstrieren, so leidet er an seiner Außenseiterrolle, mangelnder Anerkennung, Armut, Einsamkeit, tragischen Umständen und an sich selbst. Das Leiden erschien nicht als trauriges Schicksal des Genies, sondern als unverzichtbarer Bestandteil wahren Künstlertums – es adelte ihn gleichsam zum Genie."

Meetzen Dorfstrasse, 1977

Kuhauftrieb bei Klein Thurow, 1980

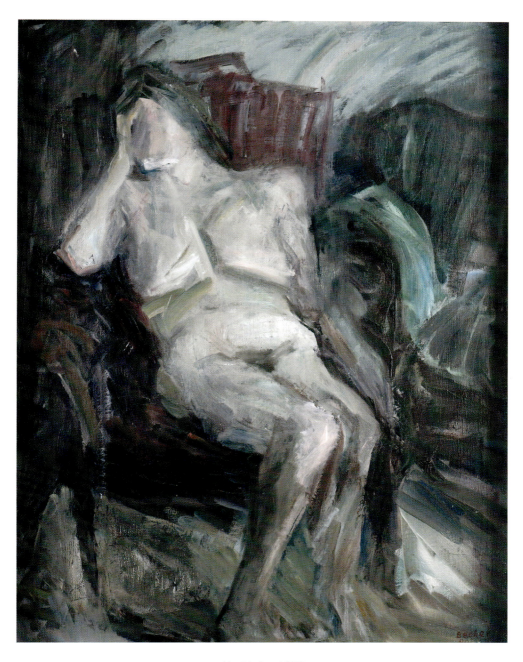

Akt Heike, 1978

Garten in Meetzen, 1978

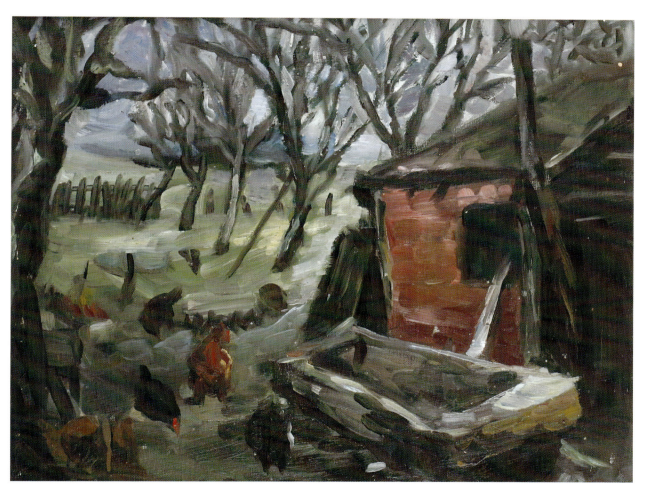
Hühnerhof, 1977

Hohlweg mit Kopfweiden, 1977

Holdorf Bahnhof, 1987

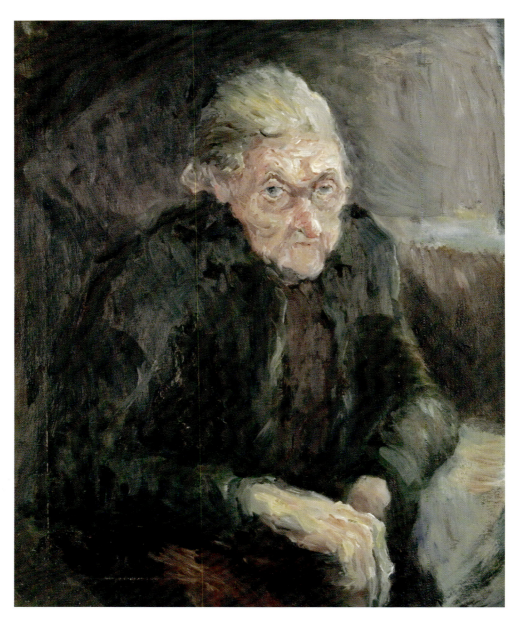

Oma Radtke, undatiert

Kleine Allee, 1981

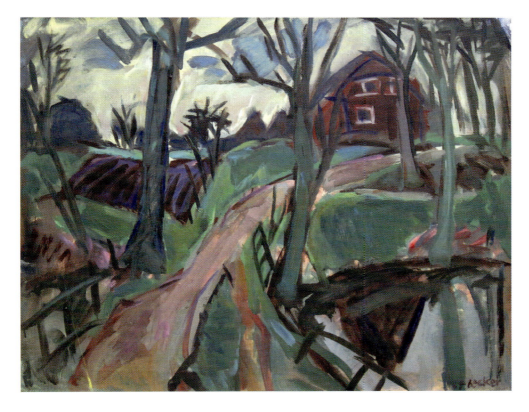

Kasendorf, 1987

Landschaft in Böhmen, 1980

Slowakisches Bergkloster, 1977

Slowakische Landschaft, 1979

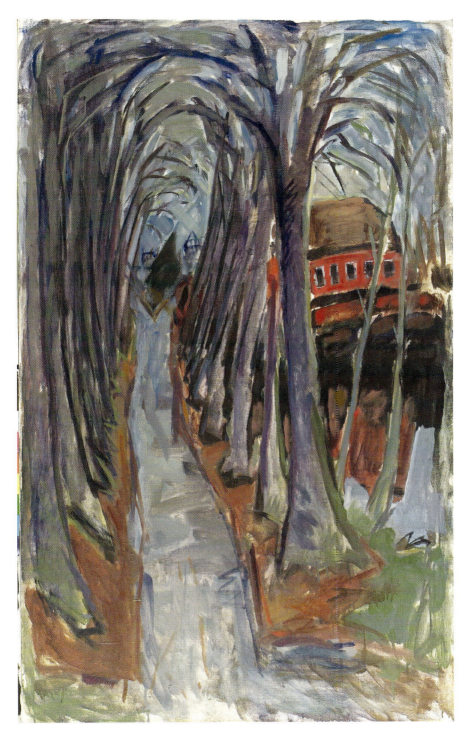

Allee im Winter, 1981

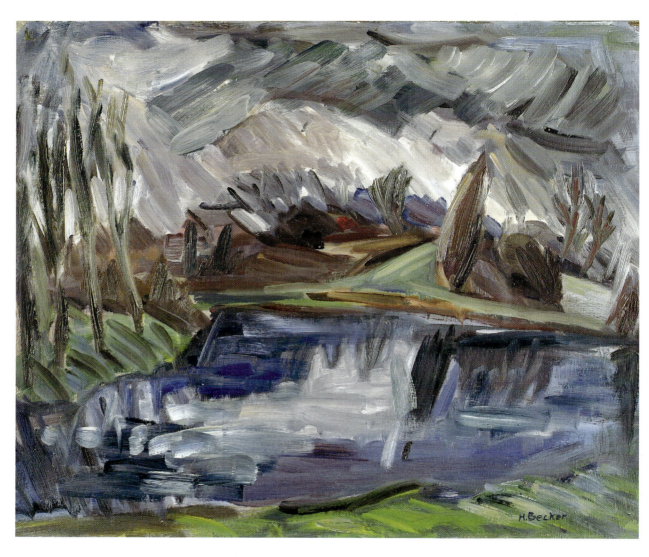

Mecklenburgische Landschaft, 1981

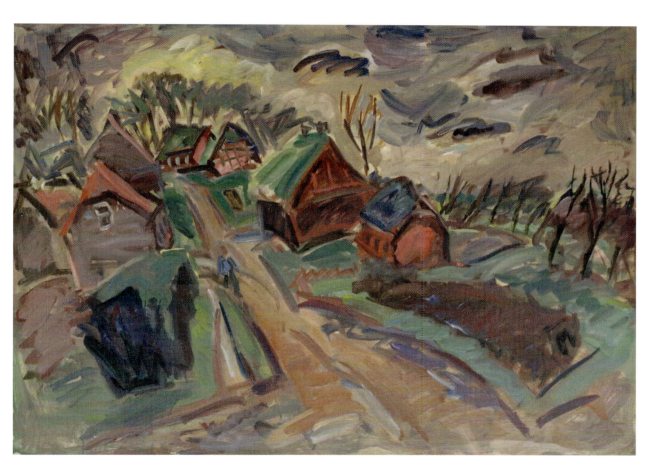

Meetzen II, 1980

Landschaft Holdorf, 1981

Dorfstraße in Meetzen, 1981

Teicha, 1982

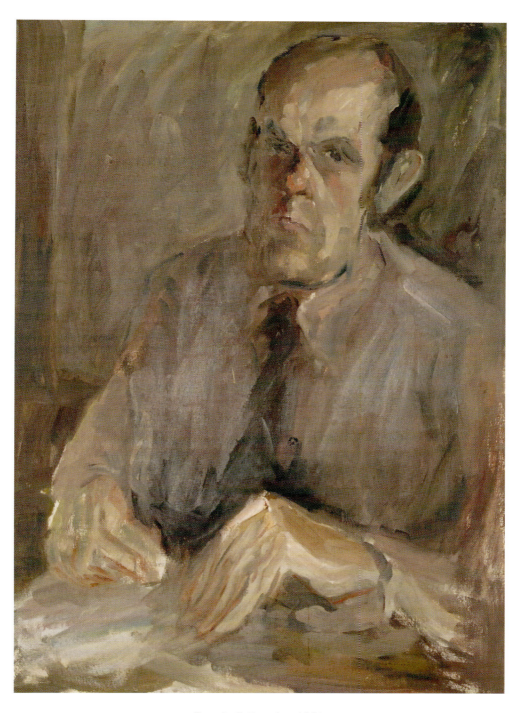

Porträt Stölmacker, 1981

Halle, 1981

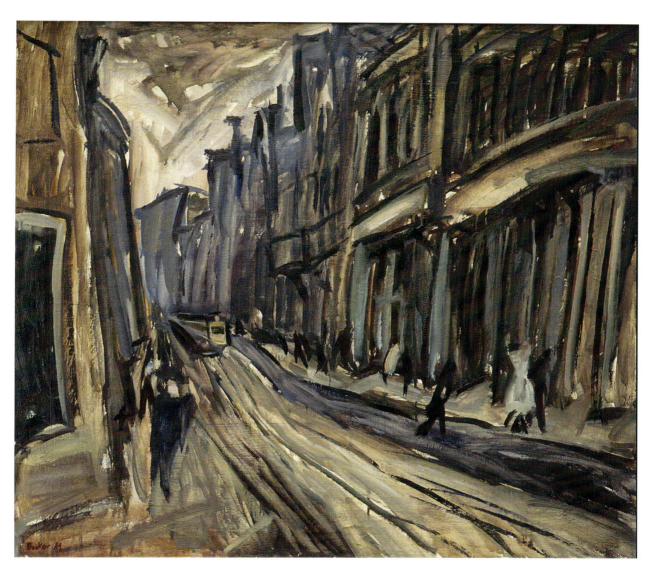
Geisstraße in Halle, 1981

Straße in Halle, 1981

Mädchen, 1978

Mädchen Detail, 1978

Straße in Dresden, 1984

Meetzen, 1982

Lützower Schloss, 1983

Lassahn, 1988

Marlene, 1988

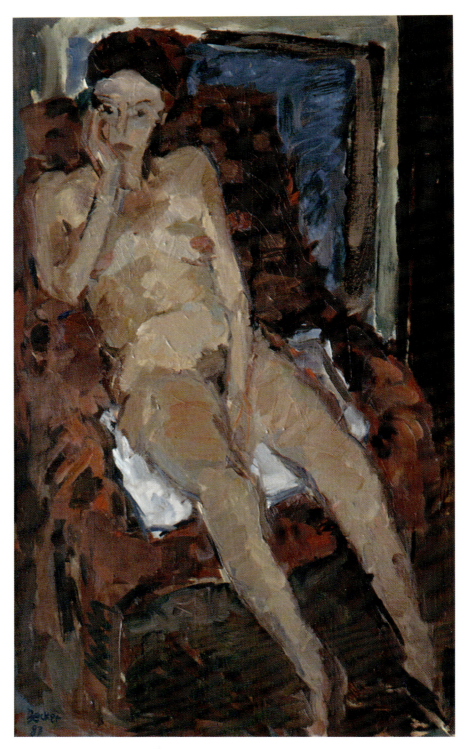

Sitzender Akt, 1987

Gartenlandschaft mit Rittersporn, 1990

Blick aus dem Atelier in Berlin, 1988

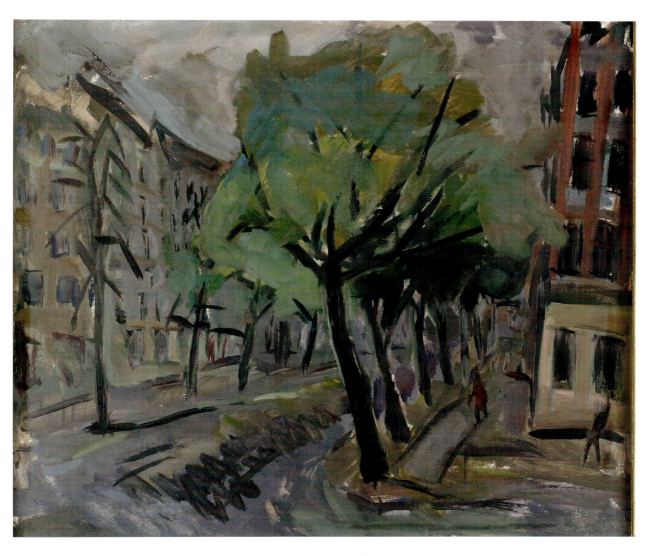

Stadtlandschaft, 1987

Winterliche Dorflandschaft, 1986

Winterlandschaft, 1992

Spätsommerlicher Garten, 1991

Spätsommerlicher Garten 2, 1991

Kuhherde, 1994

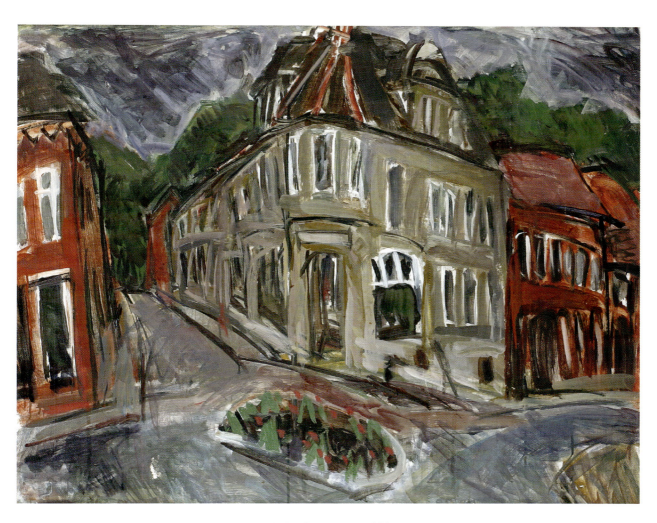

Markt Gadebusch, 1992

Porträt Buchholz, 1992

Porträt Martin Dallinger, 1995

Spätsommerliches Feld, 1993

Porträt Irene Maiser, 2002

Bauernhaus, 1992

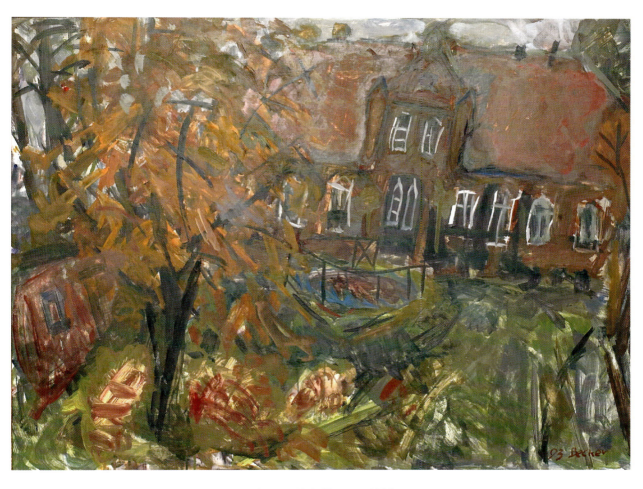

Haus in Klein Thurow, 1983

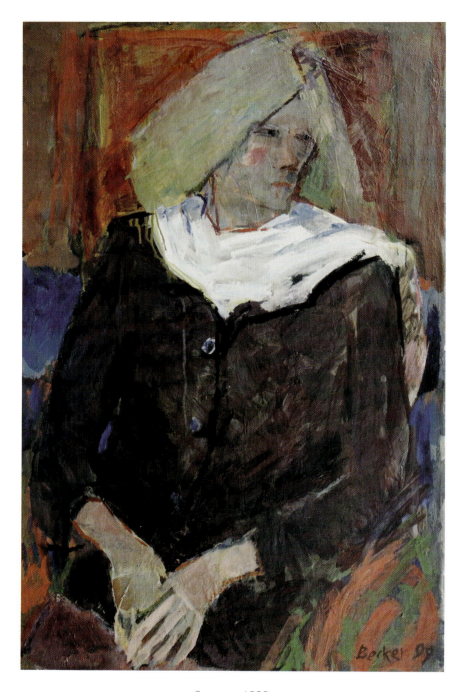

Susanne, 1999

Blaues Feld, 1992

Tag, 1994

Nacht, 1994

Linker Flügel Triptychon (i.M. Hermann), 1996

Rechter Flügel Triptychon (i. M. Hermann), 1996

Triptychon (i.M. Hermann) Mitte, 1996

Sich Kämmende, 1987

Heckenschneider 3, 2000

Eiche, 1994

Herbstliche Landschaft II, 1993

Bauernhäuser bei Roggendorf, 1990

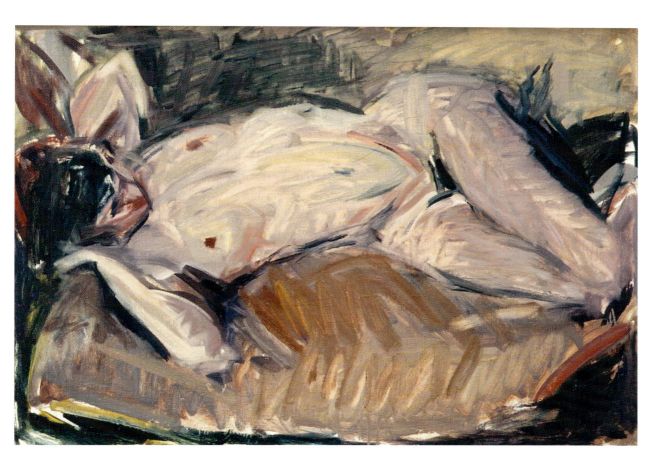

Liegender Akt, 1983

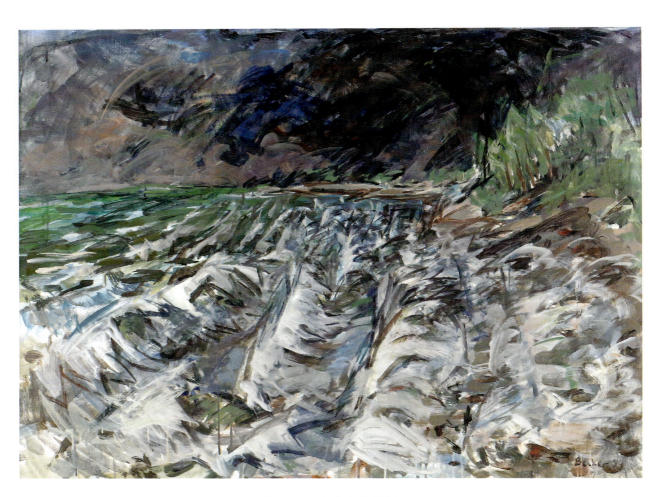

Ostsseelandschaft 2, 1994

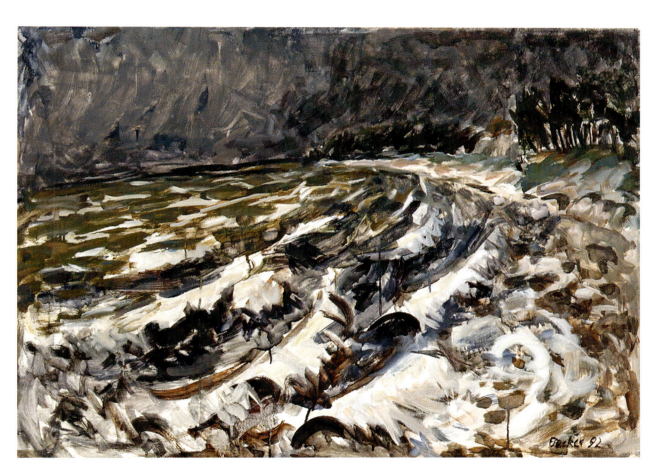
Ostseelandschaft, 1992

Lübeck Malerwinkel, 2003

Lübeck, 2003

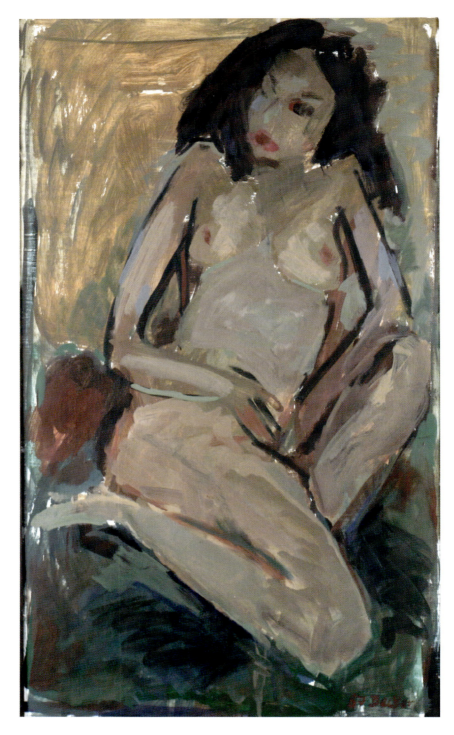

Sami, 1987

Hahn, 1999

Stillleben mit blauer Kanne, 1988

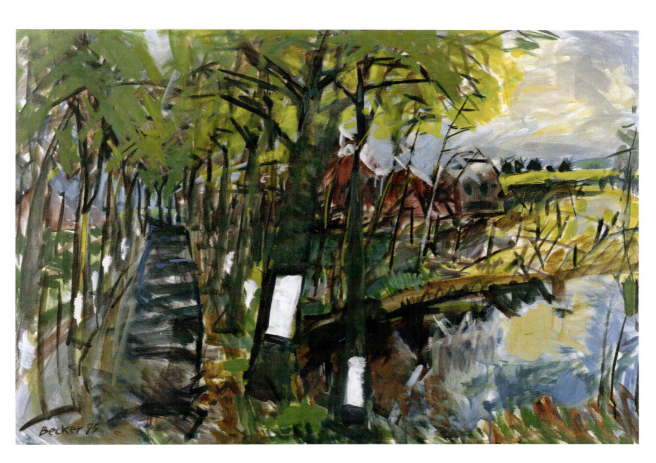

Landstraße, 1995

Haus in Dechow, 1989

Mann im blauen Mantel, 1999

Heckenschneider2, undatiert

Rapsfeld, 1995

Diptychon Zwei Figuren links,, 1998

Diptychon Zwei Figuren rechts,, 1998

Teichlandschaft, 1982

Teichlandschaft mit Brücke, 1993

Gewitterlandschaft, 1994

Gewitter, 2002

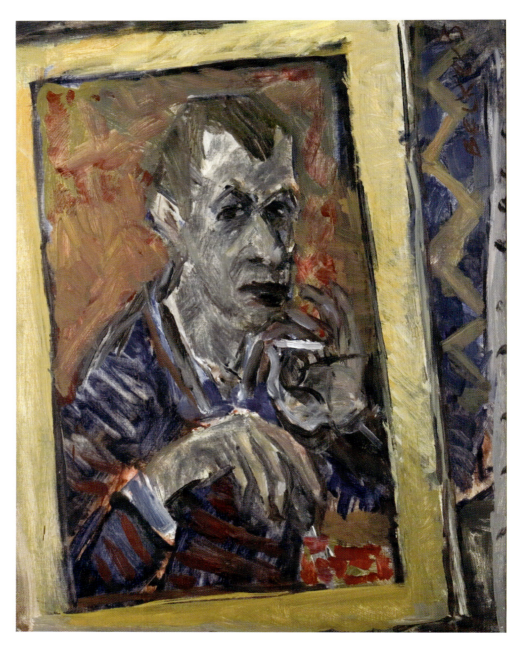

Selbstporträt, 2003

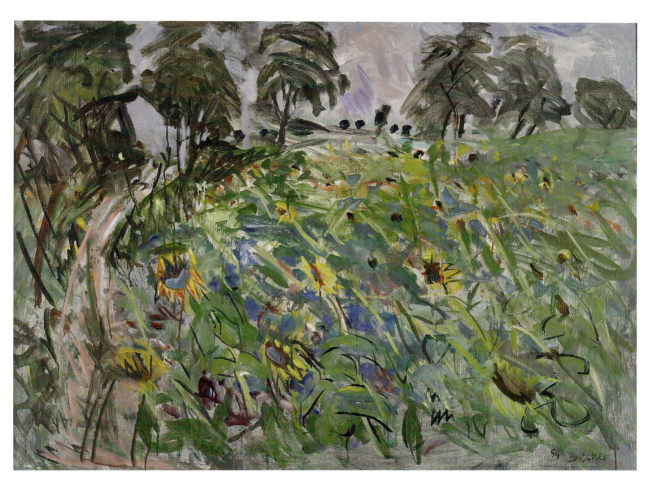

Sonnenblumen, 1994

Alpenveilchen, 1987

Botelsdorf, 1986

Herbstlandschaft, 1999

Herbstliche Landschaft, 1992

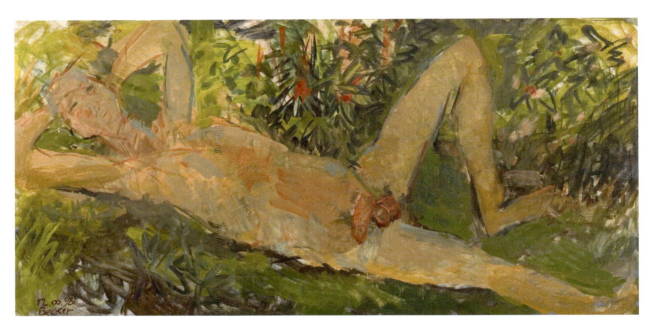

Akt im Garten, 1996

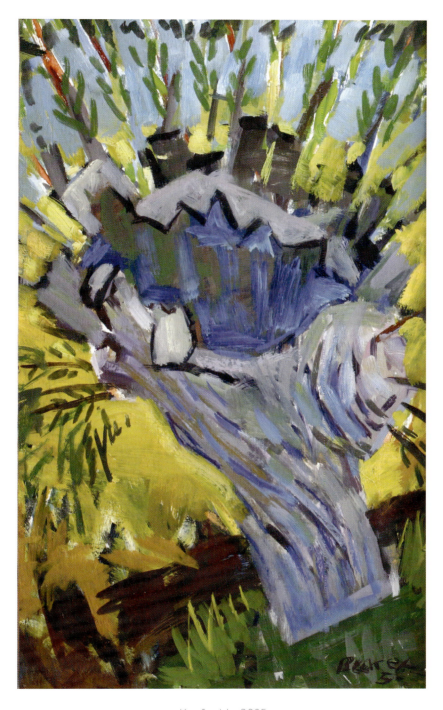

Kopfweide, 2005

Lübeck, an der Obertrave 2, 2002

Porträt Buchholz, 2000

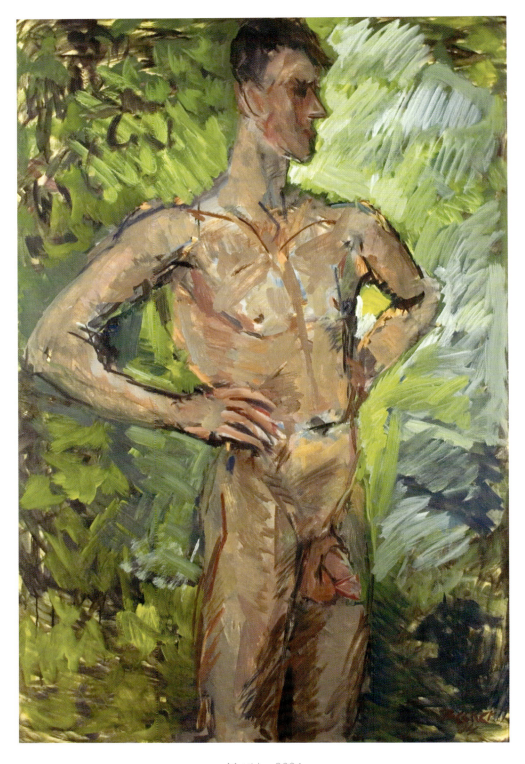

Matthias, 2004

Alpenveilchen II, 1987

Selbstporträt, 2006

Aus dem Zyklus Glaube, Liebe und Zweifel, 2006-2007

Junger Mann II, 2005

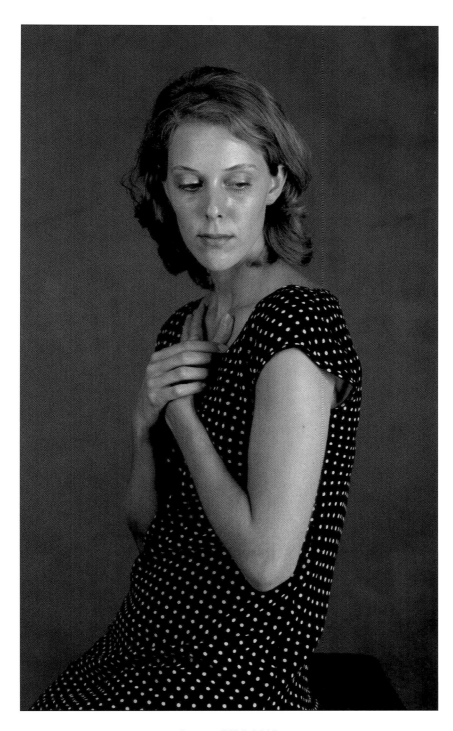

Porträt E.T. II, 2005

Junger Mann III, 2005

Seitlich Stehende, 2006

Aus dem Zyklus Glaube, Hoffnung und Zweifel, 2006-2007

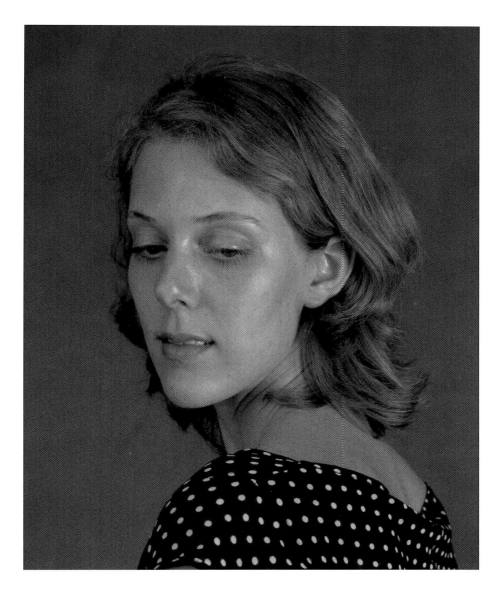

Porträt E.T., 2005

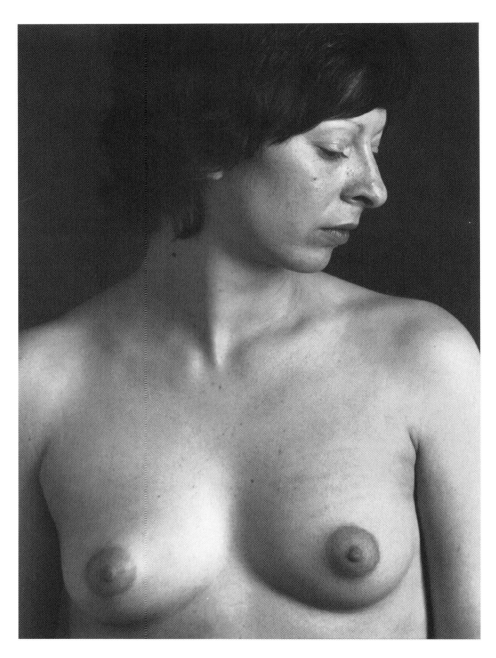

Aus dem Zyklus Glaube, Hoffnung und Zweifel, 2006-2007

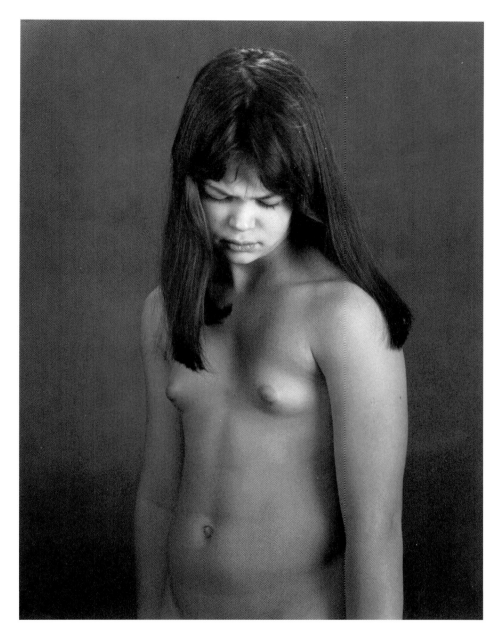

Marlene, 2007

Anne II, 2006

Artistin, 2005

Stehende Frau mit Händen in den Hüften, 2005

Liegende mit ausgebreiteten Armen, 2006

Junge Frau mit Ball, undatiert

Liegende, 2004

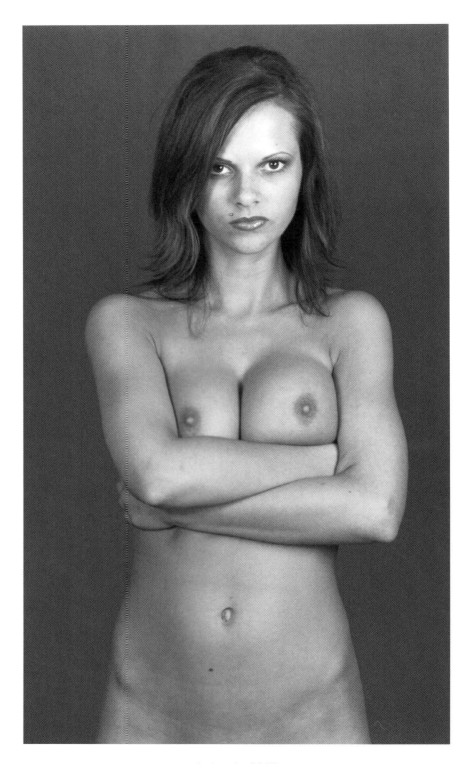

Stehende, 2007

Stehende unter Netz, 2005

Junge Frau mit Netzhut, 2007

Torso, 2006

Glaube Hoffnung und Zweifel, 2006-2007

HARALD BECKER

22.03.1952	in Holdorf Mecklenburg-Vorpommern geboren
1958–1968	Schule mit Abschluss der mittleren Reife
1968–1971	Lehre als Elektromonteur/Installateur mit Abschluss als Facharbeiter im Elektroinstallations- und –reparaturbetrieb Willi Wulf in Gadebusch
1970	Vorstellung von Zeichnungen bei dem Grafiker Karl-Heinz Effenberger in Schwerin
1971	Bis zur Einberufung zur NVA Beleuchter im Mecklenburgischen Staatstheater
1971–1972	NVA
1972–1975	Tätigkeit als Elektriker in der PGH „Elektron" Gadebusch Ausstellungsbeteiligung im Rahmen des künstlerischen Volksschaffens
1973	Heirat und Geburt des Sohnes
1975–1976	Selbstständig, Tätigkeit als Maler in einem als Atelier umgebauten Laden, während dieser Zeit starke Beschäftigung mit Malerei und Grafik, u.a. im Zirkel "Künstlerisches Volksschaffen" bei Christine Stäps
1976	Haus in Meetzen gekauft und als Atelier genutzt
1977	Kandidat im Verband Bildender Künstler der DDR
1977	Reservist bei der NVA
1979	Joachim John (Maler, Grafiker), Joachim Staritz (Regisseur, Schriftsteller) und Walek Neumann (Maler) kennen gelernt
1980	Vollmitglied im Verband Bildender Künstler der DDR
1984	Reservist bei der NVA der DDR
1987	Trennung und Scheidung von der Ehefrau Heike, nach Berlin gezogen und mit der Malerin Veronika Wagner zusammengelebt
1986–1989	Meisterschüler an der Akademie der Künste der DDR bei Wieland Förster
1985–1993	Aufbau und Betrieb einer erfolgreichen Kleinimkerei
1989	aus Berlin zurückgekehrt, ein Haus in Klein Thurow gekauft und seine Frau Heike wieder geheiratet, leben bis heute in diesem Haus
1991	Nutzung der Kommunikationsmöglichkeiten des Amateurfunks, eigene Antennen entworfen, gebaut und semiprofessionell genutzt
1991	Wolfgang Buchholz kennen gelernt
1991–1993	sehr intensive Beschäftigung mit dem PC und Bearbeitung alter Fotografien der Stadt Gadebusch am PC
1994–1995	zwei große Aufträge für die Klinik Schweriner See in Lübstorf und das Land Mecklenburg-Vorpommern
1995–heute	intensive Beschäftigung mit der analogen Fotografie

DANK

Mein erster Dank gilt Harald Becker, der mit großem Ernst, Engagement und Wahrhaftigkeit die Erstellung des Textes und die Beschaffung der Bildunterlagen unterstützte. Ich danke allen, die mit Freude und Begeisterung mir halfen, das Projekt durch Reproduktionen ihrer Bilder von Harald Becker zu verwirklichen. Besonders hervorheben möchte ich Herrn Wolfgang Buchholz und Herrn Dr. Hans-Dieter Böttger, durch deren Hilfe der Bildteil sehr bereichert wurde.
Ferner danke ich Herrn Michel Kreuz vom Wachholtz Verlag für die fachkundige und kreative Betreuung.
Bei Frau Karina Froh bedanke ich mich für das äußerst sorgfältige Korrekturlesen.
Schließlich gilt es, Antenne Mecklenburg-Vorpommern und dem Scanhaus Marlow für die großzügige finanzielle Unterstützung zu danken.

Dr. Hugo von Keyserlingk wurde 1939 in Jena geboren und studierte nach dem Abitur Humanmedizin an der Friedrich-Schiller-Universität Jena. 1971 schloss er seine Ausbildung im Fach Psychiatrie und Neurologie an der Bezirksnervenklinik Schwerin mit dem Facharzt ab. Seit 1977 arbeitete er als Chefarzt der Klinik für Suchtkrankheiten und forensische Psychiatrie in der Nervenklinik Schwerin. Von 1994 bis zum Jahr 2006 leitete er eine Psychosomatische Fachklinik in Lübstorf bei Schwerin. Er ist Autor zahlreicher Fachpublikationen und Bücher.

LITERATUR

Ammon, G. (Hrsg.) (1974). Gruppendynamik der Kreativität. München: Kindler.
Baudis, H. (1982). Malerei – Harald Becker. Katalog der Galerie am Dom Schwerin.
Becker H. (1991). Unveröffentlichte philosophische Aufzeichnungen. Manuskript.
Borchert, J. (1998). Lüttstadtland Westmecklenburg. Rostock: Hinstorff, 36.
Buchholz, W. (1994). Harald Becker – Gemälde 1977–1994. München: Eigenverlag.
Doerner, M. (1976). Malmaterial und seine Verwendung im Bilde. Stuttgart: Enke.
Freud, S. (1908). Die »kulturelle« Sexualmoral und die moderne Nervosität. Gesammelte Werke, Band VII. London: Imago, 156.
Freud, S. (1912). Das Interesse an der Psychoanalyse. Gesammelte Werke, Band VIII. London: Imago, 416f.
Herbst, A., Ranke, W. & J. Winkler. (1994). So funktionierte die DDR. Band 2. Reinbek: Rowohlt, 1080-1083.
John, J. (2007). Ikarus in der Remise Malerei Joachim John. Faltblatt des Schleswig-Holstein-Hauses.
Karcher, E. (2007). Interview mit Werner Spies über Genie. Süddeutsche Zeitung 76, VIII.
Keisch, C (1977). Plastik, Zeichnung, Wieland Förster. Dresden: Verlag der Kunst.
Krieger, V. (2007). Was ist ein Künstler? Köln: Deubner Verlag für Kunst, Theorie und Praxis, 44-51.
Lang, R. (2002). Malerei und Graphik in Ostdeutschland. Leipzig: Faber & Faber.
Lützeler, H. (1961). Abstrakte Malerei. Gütersloh: Signum, 161f.
    Reinbek bei Hamburg, 1080–1083.
Rank, O. (2000). Kunst und Künstler. Gießen: Psychosozial-Verlag, 90.
Rennert, M. (1990). Coabhängigkeit Was Sucht für die Familie bedeutet. Freiburg im Breisgau: Lambertus.
Rennert, M. (1993). Rollenverteilung in belasteten Familien und Entdeckung von Co-Abhängigkeit in Familien von Suchtkranken. In: Deutsche Hauptstelle gegen die Suchtgefahren (Hrsg.) Sucht und Familie. Freiburg im Breisgau: Lambertus, 27-35.
Rudolph, U. (1986). Zügig einatmen – Der Maler Harald Becker. Sonntag 45, 7.
Wegscheider, S. (1976). The Family Trap. Nurturing Networks, Crystal.

ABBILDUNGSNACHWEIS

Becker, H. : Seiten 14, 16, 17, 21, 35
Blum, G. : Seiten 22, 23, 35, 37
Böttger, H-D. : Seiten 44, 52, 60, 67, 85, 98, 102, 126
Bröcker, G. : 55, 56, 59
Buchholz, W. : Seite 34
Haugh: Seiten Titelbild
Henn, O. : Seiten 32, 50, 71, 83, 86, 94, 103, 105, 110, 111, 112, 113, 118, 122, 124, 127, 128
Herbst: Seite 73
Hinghaus, W. : Seiten 29, 48, 63, 64, 74
Hinz: Seite 51
Jähner, H.: Seite 30
Kettner, D.: Seite 87
Kindermann: Seiten 82, 84, 92, 93, 95, 97, 101, 109, 115
Keyserlingk, H. v.: Seiten 9, 11, 12, 18, 19, 23, 25, 26, 28, 30, 39, 41, 45, 46, 47, 51, 53, 54, 57, 58, 61, 65, 66, 68, 69, 70, 72, 75, 77, 78, 79, 80, 81, 88, 89, 90, 91, 96, 99, 100, 104, 106, 107, 108, 114, 116, 117, 119, 120, 121, 123, 125, 129
März, R. : Seite 76
Müller, B. : Seite 62
Musewald: Seite 12
Neumann, W.: Seite 20
Pastellis, S.: Seiten 43
Pölkow, H.: Seite 24
Rate-Käter, I.: Seite 10
SVZ: Seiten 21, 22
Unbekannt: Seiten 25, 33

VERZEICHNIS DER ABGEBILDETEN WERKE

Akt Heike 1978
Öl auf Leinwand, 73 × 92 cm
Parchim, Ingrid Schümann,
S. 45

Akt im Garten 1996
Öl auf Leinwand, 72 × 102 cm
München, Sammlung Wolfgang Buchholz
S. 124

Allee im Winter 1981
Öl auf Leinwand, 82 × 132 cm
Schwerin, Stattliches Museum G 3372
S. 55

Alpenveilchen II 1987
Öl auf Leinwand, 44 × 57 cm
Woez, Dr. v. Keyserlingk
S. 129

Alpenveilchen 1987
Öl auf Leinwand, 60 × 63 cm
Meetzen, Familie Frenzel
S. 120

Bahnhof 1984
Öl auf Leinwand, 65 × 90 cm
Klein Thurow, im Besitz des Künstlers
S. 11

Bauernhaus 1992
Öl auf Leinwand, 72 × 93 cm
München, M. Dallinger
S. 86

Bauernhäuser bei Roggendorf 1990
Öl auf Leinwand, 70 × 100 cm
Lübeck, Sammlung Dr. Hans-Dieter Böttger
S. 98

Blaues Feld 1992
Öl auf Leinwand, 100 × 65 cm
Gadebusch Schloss, im Besitz des Landes
Mecklenburg-Vorpommern
S. 89

Blick aus dem Atelier in Berlin 1988
Öl auf Leinwand, 65 × 86 cm
München, Sammlung Wolfgang Buchholz
S. 74

Botelsdorf 1986
Öl auf Leinwand, 68 × 92 cm
Parchim, Ingrid Schümann
S. 121

Charlottenburger Schloss 2005
Öl auf Leinwand, 70 × 100 cm
München, Sammlung Wolfgang Buchholz
S. 32

Diptychon Zwei Figuren links, 1998
Öl auf Leinwand, 56 × 140 cm
München, Sammlung Wolfgang Buchholz
S. 112

Diptychon Zwei Figuren rechts, 1998
Öl auf Leinwand, 56 × 140 cm
München, Sammlung Wolfgang Buchholz
S. 113

Dorfstraße in Meetzen 1981
Öl auf Leinwand, 73 × 92,2 cm
Schwerin Staatliches Museum G 3509
S. 59

Eiche 1994
Öl auf Leinwand, 82 × 112 cm
Lübstorf, im Besitz der Klinik Schweriner See
S. 96

Garten in Meetzen 1978
Öl auf Leinwand, 74 × 90 cm
Klein Thurow, im Besitz des Künstlers
S. 46

Gartenlandschaft mit Rittersporn 1990
Öl auf Leinwand, 50 × 70 cm
Leipzig, Familie Dr. Leonhardt
S. 73

Geiststraße in Halle 1981
Öl auf Leinwand, 81 × 90 cm
München, Sammlung Wolfgang Buchholz
S. 29, 63

Gewitter 2002
Öl auf Leinwand, 70 × 100 cm
Seefeld, Sammlung Brigitte und Wolfgang Becker
S. 117

Gewitterlandschaft 1994
Öl auf Leinwand, 95 × 118 cm
Lübstorf, im Besitz der Klinik Schweriner See
S. 116

Hahn 1999
Öl auf Leinwand, 48 × 57 cm
München, M. Dallinger
S. 105

Halle 1981
Öl auf Hartfaser, 49 × 47 cm
Bern, Dr. Bruno Müller
S. 62

Halle 1982
Öl auf Hartfaser, 35 × 45 cm
Woez, Familie Dr. v. Keyserlingk
S. 30

Haus in Klein Thurow 1983
Öl auf Leinwand, 75 × 98 cm
Grünstadt, Familie Dr. Brigitte und
Wilhelm Scheidt
S. 87

Haus in Dechow 1989
Öl auf Leinwand, 45 × 50 cm
Gadebusch, Geertje Schumann
S. 108

Heckenschneider 2 undatiert
Öl auf Leinwand, 62 × 63 cm
München Sammlung Wolfgang Buchholz
S. 110

Heckenschneider 3 2000
Öl auf Leinwand, 95 × 102 cm
München, Sammlung Wolfgang Buchholz
S. 95

Herbstlandschaft 1999
Öl auf Leinwand, 72 × 102 cm
München, Sammlung Wolfgang Buchholz
S. 122

Herbstliche Landschaft 1992
Öl auf Leinwand, 100 × 146 cm
Schloss Gadebusch, im Besitz des Landes
Mecklenburg-Vorpommern
S. 123

Herbstliche Landschaft II
Öl auf Leinwand, 91 × 102 cm
München, Sammlung Wolfgang Buchholz
S. 97

Hohlweg mit Kopfweiden 1977
Öl auf Hartfaser, 65 × 85 cm
Seefeld, Sammlung Brigitte und Wolfgang Becker
S. 48

Holdorf Bahnhof 1987
Öl auf Leinwand, 45 × 65 cm
München, Sigrid Pastellis
S. 49

Hühnerhof 1977
Öl auf Leinwand, 55 × 70 cm
Meetzen, Familie Frenzel
S. 47

Kasendorf 1987
Öl auf Leinwand, 48 × 53 cm
Schwerin, Hinz
S. 51

Kleine Allee 1981
Öl auf Hartfaser, 48 × 53 cm
Schwerin, Dr. Annemarie Staritz
S. 51

Kopfweide 2005
Öl auf Hartfaser, 38 × 60 cm
Seefeld, Sammlung Brigitte und Wolfgang Becker
S. 125

Kuhauftrieb bei Klein Thurow 1980
Öl auf Leinwand, 65 × 91 cm
Lübeck, Sammlung Dr. Hans-Dieter Böttger
S. 44

Kuhherde 1994
Öl auf Leinwand, 75 × 92 cm
Gadebusch Schloss, im Besitz des Landes
Mecklenburg-Vorpommern
S. 80

Landstraße 1995
Öl auf Leinwand, 70 × 100 cm
Demern, Matthias Becker
S. 107

Landschaft Holdorf 1981
Öl auf Leinwand, 65 × 73 cm
Woez, Familie Dr. v. Keyserlingk
S. 58

Landschaft in Böhmen 1980
Öl auf Holz, 72 × 98 cm
Sammlung Dr. Hans-Dieter Böttger
S. 52

Lassahn 1988
Öl auf Leinwand, 72 × 100 cm
Dechow, Gert Schulz
S. 70

Liegender Akt 1983
Öl auf Leinwand, 65 × 93 cm
Klein Thurow, im Besitz des Künstlers
S. 99

Lübeck 2003
Öl auf Leinwand, 70 × 100 cm
München, Sammlung Wolfgang Buchholz
S. 103

Lübeck Malerwinkel 2003
Öl auf Leinwand, 69 × 100 cm
Lübeck, Sammlung Dr. Hans-Dieter Böttger
S. 102

Lübeck, an der Obertrave 2 2002
Öl auf der Leinwand, 69 × 100 cm, Lübeck
Sammlung Dr. Hans-Dieter Böttger
S. 126

Lützower Schloss 1983
Öl auf Leinwand, 65 × 73 cm
Singapore, Krystina und Colin Robertson
S. 69

Mädchen 1978
Öl auf Hartfaser, 45 × 65 cm
Klein Thurow, im Besitz des Künstlers
S. 65

Mädchen 1978 Ausschnitt
Öl auf Hartfaser, 45 × 65 cm
Klein Thurow, im Besitz des Künstlers
S. 66

Mädchen mit roten Haaren 1988
Öl auf Leinwand, 63 × 94 cm
München, Sammlung Wolfgang Buchholz
Titelbild

Mann im blauen Mantel 1999
Öl auf Leinwand, 120 × 80 cm
München Sammlung Wolfgang Buchholz
S. 109

Markt Gadebusch 1992
Öl auf Leinwand, 85 × 100 cm
Gadebusch, im Besitz des Landes
Mecklenburg-Vorpommern
S. 81

Marlene 1988
Öl auf Leinwand, 36 × 49 cm
München, Sammlung Buchholz
S. 71

Matthias 2004
Öl auf Leinwand, 82 × 120
München, Sammlung Wolfgang Buchholz
S. 128

Mecklenburgische Landschaft 1981
Öl auf Karton, 43 × 50 cm
Schwerin, Staatliches Museum G 3230
S. 56

Meetzen 1982
Öl auf Leinwand, 73 × 90 cm
Klein Thurow, im Besitz des Künstlers
S. 68

Meetzen Dorfstraße 1977
Öl auf Leinwand, 97 × 116 cm
München, Sigrid Pastellis
S. 43

Meetzen II 1980
Öl auf Leinwand, 81 × 113 cm
Woez, Familie Dr. v. Keyserlingk
S. 57

Nacht 1994
Öl auf Leinwand, 159 × 199 cm
Lübstorf, im Besitz der Klinik Schweriner See
S. 91

Oma Radtke undatiert
Öl auf Leinwand, 56 × 66 cm
München, Sammlung Wolfgang Buchholz
S. 50

Ostseelandschaft 1992
Öl auf Leinwand, 71 × 98 cm
München, Sammlung Wolfgang Buchholz
S. 101

Ostseelandschaft 2 1994
Öl auf Leinwand, 75 × 101
Lübstorf, im Besitz der Klinik Schweriner See
S. 100

Porträt Buchholz 2000
Öl auf Leinwand, 68 × 150 cm
München, Sammlung Wolfgang Buchholz
S. 127

Porträt Buchholz 1992
Öl auf Leinwand, 56 × 84 cm
München, Sammlung Wolfgang Buchholz
S. 82

Porträt Irene Maiser 2002
Öl auf Leinwand, 68 × 114 cm
Lübeck, Sammlung Dr. Hans-Dieter Böttger
S. 85

Porträt Martin Dallinger 1995
Öl auf Leinwand, 60 × 75 cm
München, Sammlung Wolfgang Buchholz
S. 83

Porträt Stölmacker 1981
Öl auf Leinwand, 61 × 80 cm
Schwerin, Dietrich Stölmacker
S. 61

Rapsfeld 1995
Öl auf Leinwand, 50 × 70 cm
München, Sammlung Wolfgang Buchholz
S. 111

Sami 1987
Öl auf Hartfaser, 49 × 84 cm
Woez, Dr. v. Keyserlingk,
S. 104

Selbstporträt 2003
Öl auf Leinwand, 62 × 76 cm
München, Sammlung Wolfgang Buchholz
S. 118

Sich Kämmende 1987
Öl auf Leinwand, 58 × 70 cm
München, Sammlung Wolfgang Buchholz
S. 94

Sitzender Akt 1987
Öl auf Leinwand, 72 × 114
Klein Thurow, im Besitz des Künstlers
S. 72

Slowakische Landschaft 1979
Öl auf Leinwand, 65 × 82 cm
Klein Thurow, im Besitz des Künstlers
S. 54

Slowakisches Bergkloster 1977
Öl auf Leinwand, 73 × 81 cm
Klein Thurow, im Besitz des Künstlers
S. 53

Sonnenblumen 1994
Öl auf Leinwand 84 × 112 cm
Lübstorf, im Besitz der Klinik Schweriner See
S. 119

Spätsommerlicher Garten 1991
Öl auf Leinwand, 73 × 100 cm
Meetzen, Familie Frenzel
S. 78

Spätsommerlicher Garten 2 1991
Öl auf Leinwand, 75 × 100 cm
München, Sammlung Wolfgang Buchholz
S. 79

Spätsommerliches Feld 1993
Öl auf Leinwand, 81 × 104 cm
München, Sammlung Wolfgang Buchholz
S. 84

Stadtlandschaft 1987
Öl auf Leinwand, 65 × 75 cm
Klein Thurow, im Besitz des Künstlers
S. 75

Stillleben mit blauer Kanne 1988
Öl auf Leinwand, 65 × 75 cm
Gadebusch, Dr. Gerhard Schotte
S. 106

Straße in Dresden 1984
Öl auf Leinwand, 69 × 82 cm
Lübeck, Sammlung Dr. Hans-Dieter Böttger
S. 67

Straße in Halle 1981
Öl auf Leinwand, 60 × 63 cm
München Sammlung Wolfgang Buchholz
S. 64

Susanne 1999
Öl auf Leinwand, 62 × 93 cm
Woez, Susanne v. Keyserlingk
S. 88

Tag 1994
Öl auf Leinwand, 159 × 199 cm
Lübstorf, im Besitz der Klinik Schweriner See
S. 90

Teicha 1982
Öl auf Leinwand, 72 × 100 cm
Lübeck, Sammlung Dr. Hans-Dieter Böttger
S. 60

Teichlandschaft 1982
Öl auf Leinwand, 73 × 105 cm
Seefeld, Sammlung Brigitte und Wolfgang Becker
S. 114

Teichlandschaft mit Brücke 1993
Öl auf Leinwand, 73 × 104 cm
München, Sammlung Wolfgang Buchholz
S. 115

Triptychon (i. M. Hermann) Rechter Flügel 1996
Öl auf Leinwand, 87 × 120 cm
München, Sammlung Wolfgang Buchholz
S. 92

Triptychon (i. M. Hermann) Mitte 1996
Öl auf Leinwand, 170 × 110 cm
München, Sammlung Wolfgang Buchholz
S. 97

Triptychon (i. M. Hermann) Linker Flügel 1996
Öl auf Leinwand, 87 × 120 cm
München, Sammlung Wolfgang Buchholz
S. 92

Winterlandschaft 1992
Öl auf Leinwand, 80 × 116 cm
Woez, Familie Dr. v. Keyserlingk
S. 77

Winterliche Dorflandschaft 1986
Öl auf Leinwand, 77 × 104 cm
Berlin, Akademie der Künste,
KS-FS-E 1358, Inventarnummer: MA 75
S. 76